LES
POÉSIES INÉDITES
DE
CATHERINE
DE
MÉDICIS

10299. — PARIS, IMPRIMERIE A. LAHURE
Rue de Fleurus, 9

Tous droits réservés

LES
POÉSIES INÉDITES
DE
CATHERINE
DE
MÉDICIS

PAR

Edouard Fremy

PREMIER SECRÉTAIRE D'AMBASSADE

PARIS
LÉON TECHENER, ÉDITEUR
52, RUE DE L'ARBRE-SEC
M DCCCLXXXIV

LES
POÉSIES INÉDITES
DE
CATHERINE
DE
MÉDICIS

I

ATHERINE de Médicis, écrit M. Leroux de Lincy, s'est montrée, toute sa vie, amateur très-éclairé des beaux-arts et des belles-lettres » (*Bulletin du Bibliophile*, 3ᵉ série, p. 915). Il n'entre nullement dans nos intentions d'apprécier ici les actes politiques de cette

princesse, dont le nom restera toujours indissolublement lié à l'une des pages les plus sanglantes de nos annales, la Saint-Barthélemy.

L'objet de ce travail est de prouver que la reine mère ne s'est pas bornée à aimer et à protéger les lettres, mais qu'elle les a cultivées. Nous n'étudierons donc le caractère de Catherine de Médicis qu'au point de vue de ses goûts et de ses aptitudes littéraires : le texte de ses poésies inédites formera à la fois la preuve et le complément de nos investigations.

Depuis le temps où François Ier avait imprimé à la renaissance des lettres un si fécond essor, le culte des choses de l'esprit n'avait pas cessé d'occuper un rang privilégié à la cour brillante et fastueuse des Valois. Chacun des princes, chacune des princesses du sang royal, tenait à honneur de gravir les sentiers escarpés du Parnasse, à la suite des poëtes les plus en vogue. Louise de Savoie et ses enfants échangeaient souvent des épîtres rimées [1]. François Ier a laissé de nombreuses poésies, qui attestent des efforts sincères et le souci d'un noble encouragement [2]. « Ce prince, dit l'ambassadeur vénitien Cavalli, est d'un fort beau jugement, d'un savoir très-grand ; à l'écouter, on reconnaît qu'il n'est chose ni étude, ni art sur lesquels il ne puisse raisonner très-pertinemment, et qu'il ne juge d'une manière aussi cer-

1. *Les Manuscrits français de la Bibliothèque du roi*, par A. Paulin Paris, 7 vol. in-8°. Paris, 1848, p. 87. La Bibliothèque nationale possède une vingtaine de manuscrits qui ont appartenu à Louise de Savoie.
2. *Lettres et poésies manuscrites de François Ier et de Marguerite de Navarre*. Bibliothèque nationale, anc. *fonds*, n° 7234, in-folio de 53 feuillets. Les six manuscrits où se trouvent recueillies les poésies de ce prince sont conservés à la Bibliothèque nationale. Ceux qui portent les n°s 7680, 8624, anc. *fonds* et *fonds Cangé*, n° 15, sont considérés comme les plus importants et les plus authentiques. Voy. les *Poésies du roi François Ier*. Paris, Didot, 1847, par A. Champollion-Figeac.

taine que ceux-là mêmes qui s'y sont spécialement adonnés. Ses connaissances ne se bornent pas simplement à l'art de la guerre, mais il est très-expérimenté dans la peinture, dans la littérature[1] et dans les langues[2]. » Le savant Pierre Duchastel écrit également : « Qui pourroit ne louër celuy qui a remis les ornemens de la Grèce en vie et en vigueur, la poésie, l'histoire, la philosophie en son royaume, a faict rechercher les livres, qui encore se cherchent par tout le monde, et faict tous les jours ressusciter autheurs et mémorables esperis qui estoyent il y a plus de mille ans ensepvelis. »

---

1. Parmi les ouvrages de poésie inscrits dans le précieux *Catalogue de la bibliothèque du château de Blois en 1518*, qui fait actuellement partie de la Bibliothèque de la Burg à Vienne, on remarque *le Rommant de la Rose*, *le Rommant des déduitz*, *les Triomphes de Pétrarque*, etc.

2. Voy. *Diplomatie vénitienne*, de M. A. Baschet. Relation de Marin Cavalli, p. 417.

La sœur de François Ier, la célèbre Marguerite de Navarre, se faisait remarquer par une instruction et par des talents au-dessus de son sexe. On l'appelait « la quatrième Grâce » et « la dixième Muse ». Écoutons encore Brantôme : « Ce fust, dit-il, une princesse de très-grand esprit et fort habile, tant de son naturel que de son *acquisitif*, car elle s'addonna fort aux lettres en son jeune aage et les continua tant qu'elle vesquit, aymant et conversant, du temps de sa grandeur, ordinairement à la cour avec les gens les plus sçavants du royaume de son frère. Aussy tous l'honoroient tellement, qu'ils l'appeloient leur *Mecenas,* et la pluspart de leurs livres qui se composoient alors, s'adressoient au roy son frère, qui estoit bien sçavant, ou à elle. Elle-mesme composa fort et fit un livre qu'elle intitula *la Marguerite des Marguerites,* qui est très-beau, et le trouve-t-on encore imprimé ; elle composoit souvent des *Comédies* et des *Moralitez*, qu'on appeloit, en ce temps-là, des *Pastorales* qu'elle faisoit jouer et représenter par les filles de sa cour... Elle fist, en ses gayetez, un livre qui s'intitule les *Nouvelles de la royne de Navarre*, où l'on voyt un style si doux et, si fluent et plein de si beaux discours et belles sentences [1]. »

Marguerite de France, qui, plus tard, épousa Emmanuel-Philibert, duc de Savoie, partageait les goûts élevés et délicats du roi son père, accordant son appui aux gens de lettres avec autant de discernement que de libéralité ; elle protégea Du Bellay et présenta Ronsard [2] à la cour. Le jeune duc d'Orléans, son frère, depuis Henri II, par-

---

1. Brantôme, *Dames illustres.*— *De la royne Marguerite*. Leyde, Jean Sambix, 1665, p. 308.
2. Ronsard déclare lui-même qu'il doit ses succès aux encouragements de Marguerite de France ;

lait avec facilité l'italien et l'espagnol et se montrait très-grand admirateur des poëtes de son temps. « Il aymoit fort, écrit Brantôme, à voir de leurs œuvres, et surtout de M. de Ronsard, qu'il appeloit *sa nourriture* et lui faisoit toujours du bien et des présents, comme il faisoit aux autres. Il donna à Jodelle, pour la tragédie qu'il fit de *Cléopastre*, 500 écus de son espargne et, en outre, luy fit tout plein d'autres grâces, d'autant que c'estoit chose nouvelle et très-belle et rare. Bref, ce roy, encore qu'il ne fust lettré comme le roy son père, aymoit fort les lettres et gens sçavants, et si, quelquefois, se plaisoit-il à se faire

> N'est-ce pas toy, docte princesse,
> Ainçois ô mortelle déesse,
> Qui me donnas cœur de chanter
> Et qui m'ouvris la fantaisie
> De trouver quelque poésie
> Qui peust tes grâces contenter?

(*Œuvres* de Ronsard, édition Jannet, t. II, p. 303 : *Ode à Madame Marguerite.*)

lire, quand on composoit quelque beau livre[1]. »

De hautes raisons d'ordre politique avaient porté François Ier à rechercher l'alliance du pape Clément VII[2] en demandant la main de Catherine de Médicis pour le duc d'Orléans. Bien que l'origine et l'illustration des deux maisons ne pussent être comparées, leurs affinités d'esprit, leur amour commun pour la littérature et pour les arts, revêtirent d'un caractère tout spécial de sympathie l'accueil réservé par la famille royale de France à l'arrière-petite-fille de Laurent le Magnifique : « Il ne faut pas estre du monde, écrit le P. Hilarion de Coste, pour ignorer que la résurrec-

---

1. Brantôme, *Vies des hommes illustres et grands capitaines françois.* — *Henri II.* Leyde, Jean Sambix, t. II, p. 58 et 59.

2. Le cardinal Jules de Médicis, fils naturel de Julien de Médicis, avait été élevé à la tiare le 19 novembre 1523, sous le nom de Clément VII. Il mourut en septembre 1534.

tion des lettres a été opérée par la vertu et les miracles des princes de Valois et de Médicis[1]. »

L'influence exercée par l'éducation sur les penchants et sur les tendances de toute la vie ne saurait être méconnue. Nous croyons donc utile de donner ici quelques informations relatives aux premières années de Catherine de Médicis.

Catherine naquit à Florence, le 13 avril 1519[2], de Laurent II[3], duc d'Urbin, et de Madeleine de la Tour d'Auvergne-

---

1. *Éloges des Dames illustres*, par le P. Hilarion de Coste, t. II : *Catherine de Médicis*.
2. Elle eut pour parrains l'intendant de l'hôpital de Sainte-Marie-Nouvelle et le prieur de Saint-Laurent; pour marraines, l'abbesse des *Murate* et celle d'Annalena, qui lui donnèrent les noms de *Catherine-Marie-Romola*.
3. Laurent II était alors le dernier représentant légitime de la branche aînée des Médicis; c'est lui dont le génie de Michel-Ange a immortalisé les traits dans l'admirable statue funéraire connue sous le nom du *Pensieroso*.

Boulogne[1], cousine de François Ier. Le bonheur ne devait point être le partage de ces époux, qui semblaient cependant comblés de toutes les faveurs de la fortune. Le 28 du même mois, la duchesse expirait, et le 4 mai suivant, le duc lui-même rendait le dernier soupir. L'envoyé du duc de Ferrare, qui s'était rendu en Toscane avec mission de féliciter Laurent II à l'occasion de la naissance de sa fille, ne trouva qu'un berceau entre deux cercueils[2]. Frappé de la destinée cruelle de cette enfant, privée de ses protecteurs naturels en venant au monde,

---

1. « Elle descendoit, dit Brantôme, de ce grand Godefroy de Bouillon qui a porté les armes jusque dedans Hiérusalem, sur le sépulchre de Nostre-Seigneur et s'estoit rendu et faict roy par son espée et par ses armes avec la faveur de Dieu, roy non-seulement de Hiérusalem, mais d'une grande partie de l'Orient. » (Brantôme, *Dames illustres* : *De la royne mère de nos roys derniers, Catherine de Médicis*).

2. Voy. *Jeunesse de Catherine de Médicis*, par M. de Reumont, traduction de M. Baschet. Appendice, p. 258.

l'ambassadeur composa les vers suivants, qu'il plaça dans la bouche de Florence éplorée, veillant sur l'orpheline endormie :

Verdeggia un ramo sol con poca foglia,
E fra tema e speranza sto sospesa
Se lo mi lasci il verno o lo mi taglia[1].

« De ce tronc dépouillé, il ne me reste plus qu'un seul rameau couvert d'un peu de feuillage, et je demeure incertaine entre la crainte et l'espérance, ne sachant si l'hiver doit me le laisser ou me le ravir ! »

Exposée sans défense aux fureurs des guerres civiles fomentées par les Florentins soulevés contre le joug que leur avait imposé ses ancêtres, Catherine fut considérée tour à tour comme l'espérance ou comme l'otage des factions qui se disputaient le pouvoir.

---

1. Lodovico Ariosto, *Opere minori*, édit. Le Monnier : *Elegia I*, p. 216.

Transférée du couvent de Sainte-Lucie à celui de Sainte-Catherine de Sienne, puis au monastère des Dames *Immurées* ou *Murate*[1], ainsi qu'on les appelait à Florence, la jeune pirncesse étonnait tous ceux qui l'approchaient par son jugement précoce, autant que par sa

---

1. Le couvent des *Murate* occupait jadis à Florence l'emplacement de la prison cellulaire qui porte actuellement son nom et qui conserve sans doute une partie de ses bâtiments. Les religieuses qu'on appelait en France *Sachettes*, et en Italie, *Sachette*, *Romite* ou *Murate*, ayant été supprimées, plusieurs de ces pieuses filles, qui habitaient successivement à Florence, depuis 1390, de petites cellules murées sous le pont *alle Grazie*, se réfugièrent au couvent des Bénédictines, établi, en 1424, par Monnia Apollonia dans sa propre habitation. Cette maison, reconstruite et enrichie par les Benci et les Médicis, était devenue l'une des plus considérables de la cité. Catherine de Riario-Sforza, veuve de Jean de Médicis *des Bandes Noires*, s'y retira et y mourut en 1509. Camille Martelli, seconde femme de Côme Ier, y avait été séquestrée pendant la fin du règne de son époux. La petite duchesse d'Urbin, *la duchessina*, fut installée dans la cellule de Catherine Sforza, et deux femmes furent attachées à son service. Catherine de Médicis conserva toujours un re-

grâce native[1]. « Elle est, nous apprend l'envoyé vénitien Suriano, qui la vit dans sa treizième année, d'un naturel très-vivace, fait montre d'un esprit charmant, est bien élevée et a reçu son éducation par le soin des nonnes du couvent des

connaissant souvenir de cette sainte retraite, où son enfance délaissée avait été entourée de soins maternels. En 1584, elle fit don aux religieuses d'une importante propriété territoriale qu'elle possédait aux environs de Florence. Le 3 janvier 1588, un an avant sa mort, la reine mère écrivait aux *Murate* : « Je donneray ordre à faire envoier à vostre couvant, ainsy que je la vous ay promise, non ma statüe de marbre, pour ce que cela est trop malaizé, mais un portrait au vif de moy, très-bien faict lequel sera mis et aposé dans peu de temps en vostre église. » (Voy. dans la *Jeunesse de Catherine de Médicis*, de M. de Reumont, *Appendice*, les lettres écrites par la reine mère à l'abbesse des *Murate*, le 12 juin 1542, le 6 juillet 1544, le 1er octobre 1548, le 22 septembre 1582, le 6 juillet 1583, le 14 août 1584 et le 3 janvier 1588.)

[1]. « *Era piccolina di anni otto, di stile graziosissima e per se stessa si faceva amare di ciascun. Colle Madri era benignissima ed affabile a tale che d'ogni suo disgusto ed afflizione ne compativano stremamente.* » (*Cronica di Suor Giustina Niccolini.* — Voy. *Jeunesse de Catherine de Médicis*, de M. de Reumont, traduction de M. A. Baschet, p. 102, note.)

Murate, à Florence, femmes, du reste, de grand renom et de sainte vie[1]. »

L'éducation était aussi variée que solide dans ce couvent de femmes, en 1530; non seulement on y enseignait les littératures italienne et française, mais encore les langues mortes, ainsi que le témoigne le passage suivant d'une lettre écrite par un ambassadeur florentin quelque temps après l'arrivée de Catherine en France : « La Dauphine, dit-il, montre un goût particulier pour les lettres ; elle est si instruite, et *surtout en grec*, qu'elle fait l'admiration de tout le monde[2]. »

Cette culture d'esprit peu commune n'avait en rien altéré, chez Catherine, le

---

1. *Diplomatie vénitienne*, de M. A. Baschet, p. 467.
2. « *La Delfina attende a studiare ed e tanto litterata, e massime in greco, che fa stupire ogni uomo.* » (Voy. *Négociations diplomatiques de la France avec la Toscane*, de M. Louis Paris, t. III, p. 147.)

charme et la gaieté de la jeunesse. Tous ceux qui obtenaient le rare privilége d'être admis en sa présence, étaient frappés de son enjouement et de son aménité. Le peintre Vasari, chargé de faire son portrait, se sent pris pour elle d'un sentiment d'irrésistible sympathie : « L'amitié que cette signora nous témoigne, écrit-il à l'un de ses amis, mérite que nous gardions auprès de nous son portrait d'après nature et qu'elle demeure réellement devant nos yeux, comme, après son départ, elle demeurera gravée dans le plus profond de notre cœur. Je lui suis tellement affectionné, mon cher messer Carlo, pour ses qualités particulières et pour l'affection qu'elle porte, non pas seulement à moi, mais à toute ma patrie, *que je l'adore* comme on adore les saints du Paradis [1]. »

[1]. Vasari, *Vita di Sebastiano Veneziano*, édit. Le Monnier, t. X, p. 131.

Catherine avait atteint l'âge de quatorze ans, lorsqu'en 1533, Clément VII accorda la main de la jeune princesse au second fils de François Ier. La dot qui lui fut constituée s'élevait à 136 000 écus[1]; elle apportait, en outre, le comté d'Auvergne et le duché de Lauraguais, dont sa mère lui avait transmis la propriété. Le pape et le roi se donnèrent rendez-vous à Marseille, où le mariage, célébré par le Saint-Père lui-même, fut l'occasion de fêtes magnifiques qui durèrent trente-quatre jours.

Malgré la bienveillance dont l'entourait la famille royale, les épreuves ne devaient pas être épargnées à Catherine de Médicis. La noblesse française était peu favorable à cette alliance disproportionnée[2] entre le descendant de saint

---

1. *Jeunesse de Catherine de Médicis*, chap. XVIII, p. 134.
2. « Dans sa propre famille, le pape avait eu aussi à combattre de grandes résistances. Giacomo Salviati et Lucrezia, sa femme, n'avaient pas

Louis et la fille des négociants florentins; elle considérait la duchesse comme une parvenue et observait vis-à-vis d'elle une dédaigneuse réserve. L'influence toute-puissante de Diane de Poitiers sur le cœur du prince rendait en outre la situation de Catherine aussi pénible que délicate. « Tout en déclarant, dit Brantôme, que, sur toutes les femmes du monde, il n'y avoit que sa femme, et qu'il n'en sçavoit aucune qui la valust[1], » Henri, devenu dauphin par la mort de son frère[2], ne

craint de lui dire que sa nièce n'était pas un parti digne d'un fils de France; ils lui avaient rappelé l'exemple de Côme l'Ancien, qui n'avait jamais voulu s'allier à des maisons princières. » (Voy. *Lettres de Catherine de Médicis*, publiées par M. de La Ferrière : *Introduction*, p. 18, et *Relazioni degli ambasciatori Veneziani* : *Relazione de Suriano*, série II, t. III, p. 303.)

1. Brantôme, *Dames illustres*. — *De la royne mère de nos roys derniers, Catherine de Médicis.* Leyde, chez Jean Sambix, 1665, in-12, p. 43.

2. Il fut empoisonné en 1536, par Montecuculli, sur l'ordre de la maison d'Autriche. Voy. *Diplomatie vénitienne*, de M. Baschet, p. 470.

faisait aucun mystère de sa passion pour la grande sénéchale. Maintenue dans une complète ignorance des affaires publiques, Catherine sentit, avec sa pénétration habituelle, qu'il lui était impossible de lutter ouvertement contre la favorite ; elle sut accepter avec résignation la part d'affection que son époux continuait à lui accorder, « ne pensant, ainsi qu'elle l'écrivait plus tard à sa fille Élisabeth, avoyr aultre tryboulatyon que de n'estre aisés aymayé[1] à mon gré du roy vostre père qui m'onoret plus que je ne méritès, mès je l'aymè tant que je avès tousjour peur[2] ». Elle se rapprocha de plus en plus de François Ier, flattant non seulement ses goûts littéraires, mais voulant prendre part à toutes les fêtes organisées par lui

1. *Aymayé*, aimée.
2. *Lettres de Catherine de Médicis*, p. 158 : *A Madame ma fille la Royne Catholyque*, décembre 1560.

pour ce cercle intime et élégant qu'il se plaisait à appeler *la petite bande*. « On dict, écrit Brantôme, qu'elle, qui estoit fine et habille, le fist d'autant pour voir les actions du roy et en tirer les secrets et escouter et sçavoir toutes choses, et ce autant que pour la chasse, *ou plus*. Le roy François luy en sceut si bon gré d'une telle prière, voyant la bonne volonté qui estoit en elle d'aymer sa compagnie et, outre qu'il l'aymoit naturellement, il l'en ayma toujours davantage[1]. »

Catherine de Médicis avait chargé Philibert Delorme de construire, à Saint-Maur-les-Fossés, un palais qui devint sa résidence favorite, et où François Ier fit auprès d'elle de fréquents séjours. « La royne estant encore dauphine, écrit le P. Hilarion de Coste, commença de bastir le chasteau

---

1. Brantôme, *Dames illustres. — Catherine de Médicis*, p. 46.

de Sainct-Maur en l'honneur du roy François le Grand, le *père des Muses et des lettres*, pour y loger Sa Majesté, ces chastes pucelles et sa librairie[1]. » « Elle l'a faict achever, dit Philibert Delorme, avec une grande magnificence, suivant le bon esprit et jugement qu'elle a très admirable sur le faict des bastiments. » Delorme nous apprend que cette princesse veillait aux moindres détails des constructions et qu'elle ne dédaignait point d'en dessiner parfois les plans et les profils. « Vous-même, lui écrit-il, prenez la peine de protraire et esquicher les bastiments qu'il vous plaist commander estre faicts, sans omettre les mesures des longueurs et largeurs, avec le département des logis, qui véritablement ne sont vulgaires et petits,

---

[1]. Le R. P. Hilarion de Coste, *Éloges des Dames illustres.* — *Catherine de Médicis*, t. I. p. 223.

ains fort excellents et plus qu'admirables[1]. »

Saint-Maur, qui fut le Trianon de Catherine de Médicis, pouvait être considéré comme une sorte de temple voué par la dauphine aux Muses de la Renaissance. On remarquait au milieu de la cour une statue dorée de François Ier, entourée de groupes représentant Diane, les Grâces et les neuf Sœurs, sculptés par les maîtres les plus fameux du temps. Sur le piédestal de la statue étaient inscrits ces vers latins :

Hunc tibi, Francisce, assertas ob Palladis artes
Secessum, vitas si forte palatia gratia,
Diana et Charites et sacrant vere Camenæ.

On lisait encore l'inscription suivante, par laquelle Catherine invitait François Ier à fuir les pompes de la

---

[1]. Philibert Delorme, *Traicté d'architecture.* Épistre dédicatoire à la Royne mère du Roy.

cour pour jouir du repos salutaire de la vie champêtre :

Ut vivas valeasque forum hic vitabis et urbem[1].

L'avénement de Henri II ne modifia guère la position de Catherine de Médicis. La reine demeura aussi étrangère aux affaires que lorsqu'elle était dauphine. Elle profita de l'isolement auquel elle se voyait condamnée, pour présider avec sollicitude à l'éducation de ses enfants, en leur inspirant l'amour et le respect des grandes traditions littéraires de François Ier[2].

---

1. Le R. P. Hilarion de Coste, *Éloges des Dames illustres.* — *Catherine de Médicis*, t. I, p. 253.
2. C'est alors que Ronsard adressait ces vers charmants aux filles de France :

> Comme ores, Nymphes très-belles,
> Je vous meine avecques moy
> Pour célébrer trois pucelles,
> Comme vous filles de roy,
> Qui, dessous leur mère, croissent
> Ansy que trois arbrisseaux
> Et jà grandes apparoissent
> Comme trois beaux lys qui naissent

Madame Élisabeth, née à Fontainebleau le 2 avril 1545, peu de temps

> A la fraischeur des ruisseaux...
> Mais que sert d'estre les filles
> D'un grand roy, si vous tenez
> Les Muses comme inutiles,
> Et leurs sciences gentilles
> Dès le berceau n'apprenez?
> Ne craignez, pour mieulx revivre,
> D'assembler, d'égal compas,
> Les aiguilles et le livre
> Et de doublement ensuivre
> Les deux mestiers de Pallas...
> Peu de temps la beauté dure
> Et le sang qui des roys sort;
> Si de l'esprit on n'a cure,
> Autant vaut quelque peinture
> Qui n'est vive qu'en son mort.
> Ces richesses orgueilleuses,
> Ces gros diamans luysans,
> Ces robes voluptueuses
> Ces dorures somptueuses,
> Périront avec les ans:
> Mais le sçavoir de la Muse
> Plus que la richesse est fort,
> Car jamais rouillé ne s'use,
> Et, malgré les ans, refuse
> De donner place à la mort...
> Là donc, princesses divines,
> Race ancienne des dieux,
> Armez vos tendres poitrines
> Des vertus et des doctrines:
> C'est le vray chemin des cieulx.

(*Œuvres* de Ronsard, édition Jannet, t. II, p. 203 et suiv. : *Ode à Mesdames, filles du roy Henri II.*)

après la conclusion du traité entre la France et l'Angleterre, avait été tenue sur les fonts du baptême par Henri VIII; les courtisans la surnommèrent *la Sylvie de la paix*, en raison de l'alliance pacifique dont elle semblait être le gage entre les deux nations. Les Espagnols l'appelèrent plus tard *Isabel de la Pas y de Bontad*. C'est à cette princesse que Catherine de Médicis adressera les *Épîtres* qui font l'objet de ce travail.

« Toute enfantine qu'elle estoit, dit Brantôme, elle promettoit quelque chose de grand un jour et, quand elle vint à estre grande, encore promit-elle davantage, car toute vertu et bonté abondoit en elle, tellement que toute la cour l'admiroit et pronostiquoit une grande grandeur et royauté un jour pour elle. Aussy dit-on que, lorsque le roy Henri maria sa seconde fille Madame Claude au duc de Lorraine, il y en eut aucuns qui luy remonstrèrent le tort qu'il faisoit à l'aisnée de marier sa puisnée avant elle. Il fit response : « Ma fille Élisabeth est « telle qu'il ne luy faut un duché pour « la marier; il luy faut un royaume; « encore ne faut-il pas qu'il soit des « moindres, mais des plus grands, tant « grande elle est en tout; et m'asseure « tant qu'il ne luy en peut manquer un; « voilà pourquoy elle le peut encore « attendre. » — « Vous eussiez dict, qu'il prophétisoit pour l'advenir. » « *Cette princesse,* ajoute encore Brantôme, *avait un beau sçavoir, comme la royne sa mère l'avoit bien faicte estudier par M. de Saint-Estienne, son précepteur, qu'elle a tousjours aymé et respecté jusques à sa mort. Elle aymoit fort la poésie et à lire*[1]. »

Plus tard la reine mère écrivait à l'évêque de Limoges, en parlant de sa

---

1. Brantôme, *Dames illustres.* — *De la royne d'Espagne Élisabeth de France*, p. 176, 177, 195, 196.

fille : « Dieu mercy, elle a le naturel bon et l'entendement tel que, quand elle le voudra appliquer à quelque chose, j'espérerai tousjours qu'elle le fera bien[1]. » — « Elle est douée du plus grand esprit, dit l'ambassadeur vénitien Soranzo, en 1555 ; tous la tiennent pour sage et prudente, de manière qu'en tout, elle est au-dessus de son âge[2]. »

Claude de France, qui devait un jour épouser le duc de Lorraine, était, sous le rapport de l'esprit, moins heureusement partagée que sa sœur aînée. Les points dominants de son caractère pa-

---

1. *Lettres de Catherine de Médicis*, p. 142 : *A M. de Limoges* (28 juillet 1560). Un gentilhomme de la cour de France fit à la louange de cette princesse un sonnet qui se terminait par les deux vers suivants :

Au lieu de vous nommer Élisabeth de France,
On vous debvroit nommer Élisabeth des cieux.

2. *Relazione de Spagna*, de G. Soranzo, 1545. Collection de Florence, t. V, 1ʳᵉ série.

raissent avoir été la douceur et la bonté.

Marguerite de Valois, alors dans sa première enfance, hérita, au contraire, ainsi qu'Élisabeth, des aptitudes littéraires de Catherine de Médicis. Brantôme apprécie en ces termes le goût et les talents de cette princesse, dont les charmants *Mémoires* ont immortalisé le nom :

« Elle sçait bien parler, dit-il, elle sait autant bien escrire; les belles lettres que l'on peut voir d'elle le manifestent assez, car ce sont les plus belles, les mieux couchées, soit pour estre graves que pour estre familières, qu'il faut que tous les grands escrivains du passé et de nostre temps se cachent et ne produisent leurs lettres quand les siennes comparoistront, qui ne sont que chansons auprès des siennes. Il n'y a nul qui, les voyant, ne se mocque du pauvre Cicéron avec les siennes. Elle est fort curieuse de recouvrer tous les beaux livres nouveaux qui se composent, tant en lettres saintes qu'humaines, et, quand elle a entreprins à lire un livre, tant grand et long soyt-il, elle ne le laisse et ne s'arreste jamais jusques à ce qu'elle en ayt veu la fin, et *bien souvent en perd le manger et le dormir*. Elle-mesme compose, *tant en prose qu'en vers*, sur quoy ne faut penser que ses compositions ne soyent très-belles, doctes et playsantes, car elle en sçait bien l'art ; et, si on les pouvoit voir en lumière, le monde en tireroit un grand plaisir et profit. *Elle fait souvent quelques vers et stances très-belles* qu'elle faict chanter et mesme qu'elle chante, car elle a la voix belle et agréable, l'entremeslant avec le luth, qu'elle touche bien gentiment[1]. »

---

1. Brantôme, *Dames illustres*. — *De la royne de France et de Navarre Marguerite, fille unique maintenant restée de la noble maison de France*, p. 224, 227 et 268.

Marie Stuart, fiancée au dauphin François, était associée à toutes les leçons des jeunes princesses, filles de Henri II et de Catherine de Médicis, et révélait déjà une intelligence, un esprit et un savoir qui, joints à son éclatante beauté, firent d'elle l'orgueil et la parure du seizième siècle[1].

[1]. Voy. dans l'ouvrage intitulé : *Latin Themes of Mary Stuart Queen of Scots, edited by Anatole de Montaiglon, printed by Warton Club*, les thèmes traduits du français en latin par la petite reine d'Écosse, âgée de douze ans, et adressés par elle à Élisabeth de France, de juillet à janvier 1554. A treize ans, elle parlait plusieurs langues vivantes et prononçait des discours latins devant toute la cour. Elle fit aussi des poésies françaises dont Ronsard a loué le tour fin et délicat. « Elle se mesloit d'estre poëte, dit Brantôme, et composoit des vers, dont j'en ai veu aulcuns de beaux et très-bien faicts et nullement ressemblans à ceulx qu'on lui a mis à sus avoir faicts sur l'amour du comte de Boutheville : ils sont trop grossiers et mal polis pour estre sortis d'elle. M. de Ronsard estoit bien de mon opinion en cela, ainsy que nous en discourions et les lisions. Elle en composoit bien de plus beaux et de plus gentils et promptement, comme je l'ay veu souvent, comme elle se retiroit en son cabinet et sortoit aussitost pour

Parmi les fils de France, auxquels Catherine donna pour précepteurs des hommes d'un mérite et d'une prudence éprouvés, comme MM. de Cypierre, d'Urfé[1] et Amyot, le duc d'Orléans

nous en monstrer à aulcuns honnestes gens que nons estions. » (Brantôme, *Dames illustres*. — *De la royne d'Écosse Marie, jadis royne de France*, p. 115 et 116.)

1. Ronsard parlait alors en ces termes de la vigilance apportée par Catherine de Médicis dans la direction de l'éducation du jeune dauphin, depuis François II :

> ... Tu l'as, royne très sage,
> Porté, dès son premier âge,
> Non à Nède, non aussy
> Aux compagnes Dictéennes,
> Non aux Nymphes Mélécnnes
> Pour en prendre le soucy,
> Mais à d'Urfé, qui redresse
> Les fautes de sa jeunesse
> Par un art industrieux,
> Et, comme en la cire tendre,
> En cent façons, lui faict prendre
> Les vertus de ses ayeux.

(*Œuvres* de Ronsard, édition Jannet, t. II, p. 179.)

Le poëte traite encore le même sujet dans la pièce suivante, mais, cette fois, il fait allusion à Charles IX et à Alexandre-Édouard de Valois (depuis Henri III) :

(depuis Charles IX) et le duc d'Anjou (depuis Henri III) étaient les plus remarquablement doués. Tous les historiens constatent l'amour passionné de Charles IX pour la poésie : « Il voulut l'apprendre, dit Brantôme, et se mesler

> Et toy, Mère, rejouis-toy,
> Mère sur toutes vertueuse,
> Qui a nourry ce jeune roy
> D'une prudence si soigneuse ;
> Bientost auras de tes travaux
> Le loyer que le ciel te donne,
> Quand tu verras tous ses vassaux
> S'humilier sous sa couronne.
> Et toy, son frère, en qui respand
> L'astre son heureuse influence,
> Ta force et grandeur ne despend
> Qu'à luy porter obéissance...
> Vivez donc amiablement
> Faisant vos noms partout espandre ;
> Vivez tous trois heureusement
> Charles, Catherine, Alexandre !

(*Œuvres* de Ronsard, t. IV, *Mascarades*, p. 146, 148 : *les Screines, représentées au canal de Mgr le duc d'Orléans, à Fontainebleau.*)

Ronsard écrivait plus tard, dans son *Institution pour l'adolescence du roy Très Chrétien Charles IXe de ce nom*, ce beau vers qu'on croirait sorti de la plume de Pierre Corneille :

> Un roy, pour estre grand, ne doit rien ignorer.

d'en escrire, et fort gentiment. *M. de Ronsard en a monstré en son livre quelque petit échantillon* et m'estonne qu'il n'en a monstré davantage, car il a bien plus composé que cela, *et surtout des quadrins*, qu'il faisoit fort gentiment, prestement et impromptu, sans y songer, comme j'en ay veu plusieurs qu'il daignoit bien quelquefois monstrer à ses plus privez, en sortant de son cabinet, et mêmes aucuns qu'il adressoit à M. Nicolas, un de ses secrétaires, fort honneste homme et bon compagnon, qui estoit fort heureux à en faire et rencontrer de très-bons et plaisans qu'il adressoit au roy. Et le roy, aussy tost attaqué, se défendoit, disant qu'il y alloit de son honneur s'il ne respondoit de même. Bien souvent, quand il faisoit mauvais temps, ou de pluye ou d'un extresme chaud, il envoyoit quérir MM. les poëtes en son cabinet, et là, passoit son temps avec eux... Entre autres poëtes qu'il aymoit le plus, estoient MM. de Ronsard, Dorat[1], et Baïf[2], lesquels il vouloit toujours qu'ils composassent quelque chose; et quand ils la luy apportoient, il se plaisoit fort à la lire ou à la faire lire et les en récompensoit, non pas tout-à-coup, mais peu à peu, afin qu'ils fussent contraincts toujours de bien faire, disant « que les « poëtes ressembloient les chevaux, qu'il « falloit nourrir et non pas trop saouler

---

1. Jean Disnematin, dit *Dorat*, en latin *Auratus*, naquit à Limoges, vers 1508, et acquit une telle renommée, par ses poésies grecques et latines, qu'il reçut de ses contemporains le surnom de *Pindare français*. Charles IX créa pour lui la charge de *poëte royal*, et lui confia une chaire de grec au Collège de France. Il introduisit le premier en France la mode des anagrammes, qui fit fureur au seizième siècle. Dorat mourut le 1ᵉʳ novembre 1588; ses poésies furent imprimées à Paris en 2 volumes in-8, 1586.

2. Jean-Antoine de Baïf, fils naturel de Lazare de Baïf, un des diplomates les plus lettrés du seizième siècle, naquit à Venise, en 1532; il était condisciple de Ronsard. Ses *Œuvres poétiques* parurent à Paris en 1572.

« et engraisser, car après ils ne valent
« rien plus[1]. » « Il aymoit la poésie,
écrit à son tour Sorbin, et *bien souvent
prenoit plaisir à faire des vers qu'il
envoyoit à son poëte M. de Ronsard*,
homme qui se fait plus paroistre par
ses vertus et doctes vers que je ne sçaurois descrire... Bon Dieu! que le roy
l'aimoit! qu'il chérissoit ses labeurs, et,
par toutes les carresses possibles, allumoit la gaillardise de son esprit et fortifioit la veine de sa poésie... de qui la

---

1. Brantôme, *Vies des Hommes illustres. — Charles IX,* p. 31 et 32. Charles IX et Henri III firent preuve néanmoins d'une extrême libéralité envers les poëtes de leur temps. Claude Garnier, qui avait personnellement connu Desportes, écrit les vers suivants, en 1624, dans sa *Muse infortunée:*

        Et toutefois Desportes
De Charles de Valois, étant bien jeune encor,
Eut, pour son *Rodomont*, huit cent couronnes d'or.
Je le tiens de luy-mesme, et qu'il eut de Henry,
Dont il estoit nommé le poëte favory,
       Dix mille escus, pour faire
Que ses premiers labeurs honorassent le jour
       Sous la bannière claire,
Et dessous les blasons de Vénus et d'Amour.

facture luy estoit si agréable, que bien souvent il passoit une grand'partie de la nuict à lire ou faire réciter ses vers, à quoy il employoit volontiers Amadis Jamin, Estienne Le Roy, abbé de Saint-Laurent, maistre de la musique de sa chambre [1], et quelques autres de ses serviteurs domestiques. Et non seulement prenoit plaisir à oüyr la poésie bien faite, mais avoit encore l'esprit si gentil qu'il en jugeoit fort heureusement. » Claude Binet, dans sa *Vie de Ronsard*, dit aussi que Charles IX « trouvoit tellement bon ce qui venoit de la part du poëte, que mesme il luy permit ou plus tost l'invita d'escrire des satyres indifféremment contre telles personnes qu'il sçavoit que le vice deust

---

[1]. On sait que Ronsard chantait lui-même ou faisait chanter ses poésies lyriques, disant que, « sans la musique, la poésie estoit presque sans grâce, comme la musique, sans la mélodie des vers, inanimée et sans vie ».

accuser, *s'offrant mesme à n'en estre exempt s'il voyoit qu'il y eust quelque chose à reprendre en luy*, comme, de fait, il fit en la satyre de *la Dryade violée*, où il reprenoit aigrement le roy et ceux qui gouvernoient lors l'aliénation du Domaine, d'avoir fait vendre la forêt de Gastine, laquelle il avoit consacrée aux Muses, et une autre qu'il appeloit *la Truelle crossée,* blasmant le Roy de ce que les bénéfices se donnoient à des maçons et autres plus viles personnes ».

Une correspondance poétique s'était donc établie entre le jeune roi et Ronsard, ainsi que, d'ailleurs, ce dernier nous l'apprend lui-même :

Quatorze ans ce bon prince allègre je suivy,
Car, autant qu'il fust roy, autant je le servy.
Il faisoit de mes vers et de moy telle estime,
Que souvent Sa Grandeur me rescrivoit en ryme,
Et je luy répondois, m'estimant bien heureux
De me voir assailly d'un roy si généreux.

Nous citerons ici deux des épîtres de

Charles IX à son poëte favori; Ronsard les a publiées à la suite de la *Franciade*, qu'il n'eut pas le courage d'achever après la mort de son bienfaiteur.

I

Ronsard, je cognoy bien que, si tu ne me vois,
Tu oublies soudain de ton grand roy la vois :
Mais, pour t'en souvenir, *pense que je n'oublie*
Continüer tousiours d'apprendre en poésie,
Et, pour ce, j'ay voulu t'envoyer cet escrit
Pour enthousiazer ton phantastique esprit.
Donc, ne t'amuse plus à faire ton mesnage :
Maintenant n'est plus temps de faire jardinage;
Il faut suivre ton roy, *qui t'aime par sus tous*
Pour les vers qui, de toy, coulent braves et doux :
Et croy, si tu ne viens me trouver à Amboise,
Qu'entre nous adviendra une bien grande noise!

II

Ronsard, si ton vieil corps ressembloit ton esprit
Je serois bien content d'avoüer par escrit
Qu'il sympathiseroit en mal avec le mien,
Et qu'il seroit malade, aussi bien que le tien.
Mais, lors que ta vieillesse, en comparaison, ose
Regarder ma jeunesse, en vain elle propose
De se rendre pareille à mon jeune printemps,
Car, en ton froid hiver, rien de verd n'est dedans :
Il ne te reste rien qu'un esprit grand et haut,
Lequel, comme immortel, jamais ne te défaut.

Or donc, je te diray que bien heureux seroys
Si de ton bon esprit un rayon je tirois,
Ou bien que, sans t'oster rien du tien, si exquis,
Par estude et labeur un tel m'estoit acquis.
Ton esprit est, Ronsard, plus gaillard que le mien,
Mais mon corps est plus jeune et plus fort que le tien.
Par ainsy je conclu qu'en sçavoir tu me passe
D'autant que mon printemps tes cheveux gris efface[1].

[1]. Ronsard répondit aux deux épîtres du roi; il lui disait :

... Entre les roys, tu n'as point de pareil
Que François, ton grand-père : et si l'honneste honte
Le vouloit, je dirois que Charles le surmonte,
D'autant que nostre siècle est meilleur que le sien,
Et que le temps présent vaut mieux que l'ancien,
Et d'autant qu'il fut docte au déclin de vieillesse,
Et tu es tout sçavant en la fleur de jeunesse,
Car si ta Majesté (après le soin commun
Qu'elle prend du public et d'escouter chacun,
Permettant à ton peuple une facile entrée),
Soit en prose ou en vers pour plaisir se récrée,
Donnant quelque relasche à ton divin esprit,
Qui monstre sa vigueur en monstrant son escrit,
Et qui rien que parfaict ne médite ou compose,
Ronsard te cède en vers et Amyot en prose.

Le poëte terminait sa réponse à la seconde épître de Charles IX, par ces vers :

Vous possédez la fleur, l'escorce je possède,
Et je vous cède encor en généreux esprit
Qui m'appelle au combat par un royal escrit.
Et bref, s'il vous plaisoit un peu prendre la peine
De courtiser la Muse et boire en la fontaine

Charles IX ne se contentait point d'écrire des épîtres, des quatrains[1] ou

Fille de ce cheval qui fit sourcer le mont,
Tout seul vous raviriez les lauriers de mon front,
Un second roy François ! De là viendroit ma gloire :
Estre vaincu d'un roy, c'est gaigner la victoire.

(*Œuvres complètes* de Ronsard, publiées par M. Prosper Blanchemain. Édition Jannet, t. III, p. 255 et suiv.)

[1]. On cite encore de Charles IX ce spirituel quatrain :

> François Ier prédit ce point
> Que ceulx de la maison de Guise
> Mettroient ses enfants en pourpoinct
> Et son pauvre peuple en chemise.

Enfin ces vers composés par le roi pour Marie Touchet :

> Toucher, aimer, c'est la devise
> De celle-là que plus je prise,
> Bien qu'un regard d'elle à mon cœur
> Darde plus de traits et de flamme
> Que de tous l'archerot vainqueur
> N'en feroit omcq appointer dans mon âme.

Chacun connaît ces beaux vers adressés par Charles IX à Ronsard, mais qui, malheureusement, ne sont parvenus jusqu'à nous que retouchés par Le Royer de Prades :

L'art de faire les vers, deust-on s'en indigner,
Doit estre à plus haut prix que celuy de régner.

des madrigaux, on lui doit également un ouvrage de vénerie en prose, intitulé :

Tous deux, également, nous portons des couronnes,
Mais roy, je les receus, poëte, tu les donnes.
Ton esprit, enflammé d'une céleste ardeur,
Esclatte par soy-même, et moi par ma grandeur.
Si, du costé des dieux, je cherche l'advantaige,
Ronsard est leur mignon et je suis leur imaige.
Ta Muse, qui ravit par de si doux accords,
Te soumet les esprits dont je n'ay que les corps,
Elle t'en faict le maistre et te faict introduire
Où le plus fier tyran n'a jamais eu d'empire ;
Elle amollit les cœurs et soumet la beauté :
Je puis donner la mort ; toi, l'immortalité !

« Ces vers, les meilleurs que l'on connaisse publiés sous le nom d'un roi, et peut-être les meilleurs de ce siècle », dit M. Valery (*Curiosités et Anecdotes italiennes*, p. 255), ont provoqué bien des discussions. Voltaire les attribuait à Amyot, qui n'en fit jamais que de méchants, de l'avis de Charles IX lui-même. (Voy. Bayle, *Dictionnaire historique*, t. I, p. 504.) La pièce dont il s'agit se trouve pour la première fois, dans le *Sommaire de l'Histoire de France*, de Jean Le Royer, seigneur de Prades. (Paris, in-4°, 1651, p. 548.) Abel de Sainte-Marthe la plaça à son tour dans les preuves de son *Discours historique sur le rétablissement de la bibliothèque de Fontainebleau*. L'abbé Goujet se contente de la citer d'après eux, sans indiquer davantage son origine. La forme de ces vers indique clairement qu'ils ont été remaniés et retouchés au dix-septième siècle. (Voy. *l'Esprit dans l'Histoire*, de M. E. Fournier, p. 188 et suiv., et

la Chasse royale, édité, en 1625, par
M. de Villeroy[1], qui réalisa ainsi le vœu
précédemment formé par Brantôme :
« Je m'estonne bien, disait-il, que
MM. de Retz ou de Villeroy n'ont faict
imprimer ce beau livre *de la chasse et
de vénerie,* qu'il a composé, dans lequel
il y a des advis et secrets que jamais ve-
neur ne sceut ni ne peut atteindre, ainsy
que j'en ouys discourir quelquefois audict maréchal de Retz de quelques
traits rares qui sont là-dedans décrits
avec très-beau et très-éloquent langage.
Pour le moins, ce livre serviroit et don-
neroit à la postérité admiration de ce

Histoire de France de M. Dareste, t. IV, p. 261.)
M. Auguis, dans son *Recueil des anciens poëtes
français,* a donné plusieurs poésies de Charles IX.

1. *La chasse royale, composée par le roy Charles IX et dédiée au roi Très-Chrestien de France et
Navarre Louis XIII, très-utile aux curieux et
amateurs de chasse.* In-8° de 138 p., à Paris, chez
Nicolas Rousset et Gervais Alliot, au Palais. Ce
livre a été, depuis lors, réédité deux fois : en
1875, à Paris, chez Bouchard-Huzard ; et, en 1858,
chez Aubry, par M. H. Chevreul.

roy pour éternelle mémoire, car, comme luy dict M. de Ronsard : « Les beaux palais et bastiments sont sujets à rüyne et ne durent que quelque temps, voire les généreux actes et beaux faicts ; mais les escrits durent éternellement[1]. »

Plus tard, en 1570, lorsque le Tasse vint à Paris en qualité d'attaché à l'ambassade du cardinal Louis d'Este, fils d'Hercule, duc de Ferrare, chargé par Grégoire XIII d'une mission auprès de la cour de France, le poëte, qui avait alors 26 ans, présenta au Roi et à la Reine mère son *Rinaldo* et reçut l'accueil le plus cordial et le plus bienveillant de ce prince et de Catherine de Médicis[2].

Le Tasse composa à l'abbaye de

---

1. Brantôme, *Vies des Hommes illustres.* — *Charles IX*, p. 30 et suivantes.

2. La reine mère, charmée de la lecture de ses œuvres lui ayant envoyé son portrait, le poëte exprima sa gratitude et son admiration dans le sonnet suivant :

Chablis, où il résidait avec le cardinal, une partie de sa *Jérusalem délivrée :* il se lia avec Ronsard qui le plaçait infiniment au-dessus de l'Arioste.

Le duc d'Anjou passait pour manier l'art de la parole avec une habileté consommée. « Il fut *éloquent*, écrit Bayle lui-même, aima les sciences et se plaisoit beaucoup à entendre discourir les personnes doctes... *Il eut beaucoup de passion d'entendre parfaitement la langue françoise et de la parler poli-*

>   Nel tuo petto real da voci sparte
>   De la mia laude nacque il chiaro ardore
>   E la fiamma ch'a me distrugge il core,
>   Da lo spirar de colorite carte.
>   Me depinse la Fama e vivo in parte
>   Mi ti mostro, te pinse alto pittore,
>   E vivi espresse i raggi e lo splendore
>   Si che natura se scorge ne l'arte.
>   Cosi da finte imagini non finto
>   L'incendio mosse e fer colori et suono,
>   Cio ch'a pena fari an lusinghe e sguardi.
>   O cari simolacri ! O nobil dono
>   Onde mi lei si dolcemente ed ardi
>   Che 'l viver bramo, anze che 'l foco estinto !

(*Rime del Tasso.* Brescia, 1592. *Seconda parte*, p. 108.)

ment et correctement; la peine qu'il prit pour cela eut tout le succès qu'il en pouvoit espérer. Ce prince prit à cœur les intérêts de sa langue, et ayant commandé à Estienne[1] d'en montrer les avantages et l'excellence, il le pressa si vivement, dit ce dernier, de composer ce traité, qu'il fallut le lui apporter bientôt, non seulement en manuscrit, mais imprimé. J'ai dit ailleurs qu'il souhaita que ce savant homme fît un parallèle entre les *Cicéroniens* de l'Italie et les *Cicéroniens* de France[2]. » Davila

---

1. Henri Estienne, à qui Henri III donna, en 1579 une gratification de 3000 livres et une pension de 300 livres, parle ainsi des talents littéraires de ce prince : *Noster Galliæ Rex Henricus III, elegantiæ sermonis sui studiosus, aliquot præsertim ante obitum annis, quo tempore plura regia quam multi credunt habebat, haud infelici inutili studio fuit. In eo enim tandem excelluit, et ita quidem ut non minus castigatum quam ornatum esse cuperet.* (Henricus Stephanus, *Epist. dedicator. Tractatus de Lipsii latinitate*, p. 11).

2. *Dictionnaire historique et critique*, de Bayle, t. VIII, p. 33 et suivantes. — Ronsard a dit de Henri III :

rapporte[1] que, Henri, devenu roi, se faisait lire, chaque jour, par son secrétaire Corbinelli : Polybe, Tacite et Machiavel. Il accorda une protection constante à Baïf, à Desportes et à Bertaut, qui vécurent dans son intimité, et qui composèrent pour lui une grande partie de leurs poésies.

Catherine de Médicis, fidèle aux habitudes studieuses qu'elle avait contractées au couvent des *Murate,* donnait elle-même à ses enfants l'exemple de l'amour du travail. Brantôme a prouvé que non seulement cette princesse favorisait les lettres, mais que, dès

Du miel en son berceau la Muse l'arrousa ;
Pithon, en l'allaitant, sa bouche composa
D'éloquence naïve, afin de faire croire
Aux soudards ce qu'il veut, pour gaigner la victoire,
Ou pour prescher son peuple et, par graves douceurs,
Leur tirer, de sa voix, par l'oreille les cœurs.

(*Œuvres* de Ronsard, t. III, p. 273 : *le Bocage royal.*)

1. *Histoire des guerres civiles de France,* de H. C. Davila, liv. VI, p. 350, année 1579.

sa jeunesse, elle les cultivait parfois à ses heures : « La royne, dit-il, aimoit à s'adonner à tous honnêtes exercices, et n'y en avoit pas un, au moins digne d'elle et de son sexe, qu'elle ne voulust *sçavoir* et *praticquer*[1]. » Peu de temps après son arrivée en France, Catherine s'était, en effet, livrée à des essais de composition littéraire auxquels Brantôme fait ici allusion. La reine de Navarre, sœur de François Ier, écrivait alors ses *Nouvelles*, gracieuse et spirituelle imitation du *Décaméron* de Boccace, si goûté à la cour de France. La jeune dauphine résolut de suivre cet exemple ; elle entraîna même sa belle-sœur Marguerite dans ce projet, qu'elles exécutèrent secrètement. Mais la reine de Navarre ayant consenti à leur communiquer le manuscrit de l'*Hépta-*

---

[1]. Brantôme, *Dames illustres.* — *Catherine de Médicis*, p. 83.

méron, les deux princesses, charmées de cette lecture, ne purent s'empêcher de comparer l'ouvrage inspiré par un art si fin et si consommé, aux contes qu'elles avaient composés ; elles rougirent de leur inexpérience, et détruisirent des œuvres qui offriraient aujourd'hui, pour nous, un bien vif intérêt.

« J'ay ouy dire, écrit encore Brantôme, que la royne mère et Madame de Savoie, estans jeunes, se voulurent mesler d'escrire des *Nouvelles* à part, à l'imitation de ladicte royne de Navarre, sachant bien qu'elle en faisoit. Mais quand elles eurent veu les siennes, elles eurent si grand despit des leurs, qui n'approchoient nullement des autres, qu'elles les jettèrent dans le feu et ne les voulurent mettre en lumière : *grand dommage, pourtant, car, estant toutes spirituelles, il n'y pouvoit avoir rien que très-beau, très-bon et très-playsant, venant de telles grandes da-*

mes, qui sçavoient des bons contes[1]. »

Les auteurs ont généralement à se défendre d'une excessive indulgence pour leurs écrits. Il est donc très-digne de remarque de voir ces deux jeunes femmes, entourées de tant d'adulations, discerner aussi nettement les qualités d'autrui et leurs propres défauts. Ce jugement sommaire, en vertu duquel Catherine de Médicis et Marguerite de France condamnèrent à un éternel oubli le fruit de leurs premiers efforts littéraires, dénote chez elles un goût éclairé et un sens critique qui sont souvent le partage exclusif de l'âge mûr.

La reine ne sortit de la retraite où elle était confinée qu'en 1557. De douloureuses conjonctures vinrent alors mettre en lumière sa personnalité politique longtemps si indécise et si effacée.

L'annonce de la catastrophe de Saint-

---

1. Brantôme, *Dames illustres.* — *Marguerite royne de Navarre, p.* 302.

Quentin avait jeté la stupeur dans la capitale terrifiée ; la panique était générale. Dénuée de ressources et privée de ses armées, la France se trouvait à la merci d'un ennemi implacable. On croyait à la marche immédiate des Espagnols sur Paris, et chacun s'empressait de quitter la ville pour sauver ce qu'il avait de plus cher ou de plus précieux. Il fallait à tout prix ramener la confiance, trouver des capitaux pour réparer nos pertes et faire de nouvelles levées. En l'absence du roi, alors occupé à recruter des troupes à Compiègne, Catherine, ne prenant conseil que d'elle-même, se rend au Palais de justice, expose au Parlement les tristesses de la situation et démontre le péril imminent que court la patrie, si l'on ne met le gouvernement en mesure de la protéger en lui accordant des contributions extraordinaires. Son éloquence émue produit sur l'auditoire la plus profonde impression, et un subside de 300 000 livres est voté, séance tenante, pour subvenir à la défense du territoire. « La reine, écrit Giacomo Soranzo, remercia les conseillers avec une si douce forme de parole, qu'elle fit pleurer d'attendrissement tous ceux du Parlement, les assurant qu'elle les aurait toujours pour recommandés, ne voulant jamais se montrer oublieuse d'une manifestation si noble, et promettant de faire du dauphin, son fils, leur procureur et intermédiaire auprès du roi[1]. » — « Que fit la royne après la bataille de Saint-Laurens ? dit aussi Brantôme : l'Estat estant ébranlé et le roy estant allé à Compiègne pour redresser nouvelle armée, elle espousa tellement les affaires,

1. Voy. la *Diplomatie vénitienne*, par M. Baschet, p. 483. (Archives de Venise, *Cancelleria secreta*, dépêche de l'ambassadeur Giacomo Soranzo.)

qu'elle excita et esmeut Messieurs de Paris à faire un prompt secours à leur roy, qui vint très-bien à propos et pour l'argent et autres choses nécessaires pour la guerre[1]. »

Cet acte de courage et d'énergie, couronné d'un si éclatant succès, releva singulièrement Catherine aux yeux de son époux et la rendit très-populaire. « Par toute la ville, dit encore l'ambassadeur de Venise, on ne parle d'autre chose sinon que de la prudence de la reine et de la manière heureuse dont elle a procédé dans cette entreprise. »

A partir de cette époque, Catherine devient vraiment reine de France. Les artistes et les poëtes, jusqu'alors prosternés devant Diane de Poitiers, commencent à déserter sa cour pour célébrer à l'envi les mérites de la souveraine. Sur la médaille frappée en commémo-

---

[1]. Brantôme, *Dames illustres.* — *Catherine de Médicis*, p. 51.

ration du siège de Thionville, Clouet trace pour la première fois l'effigie de l'épouse de Henri II. L'Arétin, dans un sonnet, s'écrie : « Vous êtes seule reine; il y a en vous de la femme et de la déesse[1]. » Il consacre un long poëme aux louanges de Catherine de Médicis, et invite tous les grands hommes de l'Italie à graver ses traits nobles et intelligents dans l'or, dans le marbre et

1. Voici ce sonnet :

ALLA CHRISTIANISSIMA

El di che nacque l'alma Catherina
Solenne al ciel, festivo alla natura,
Perch' ella sua mirabile fattura
La sorte e'l mondo a riverirla inchina
E il fronte alter' di lei sola Regina
Di molte imperatrici occhio e figura :
Ha in se, la Donna e Dea serena e pura,
La maestà de humana e la divina.
Onde tutti i magnanimi intelletti
Del celebrarla temprano il desio,
Che si alto non vanno i lor' concetti.
Bisogna in decantar dell' idol' pio
Le santissime gratie e i sacri effetti
Lo stile haver' c' han gli angeli di Dio.

(*Il quinto libro delle lettere di M. Pietro Aretino*, carta 52 et 53. Parigi, 1609.)

dans les pierres précieuses[1]. Habert décerne à la reine le titre de *Nouvelle Pallas*. « Le grand imprimeur lyonnais, Rouille, écrit M. de La Ferrière, ui dédie la première édition de la *Circé*

---

1. ... Titian' perpetuo e Michelagnol' divo
In cotal' mezzo col pennello arguto
Rassemplinla in color c' habbia di vivo.
Il Buonarotti e il Sansovin' saputo
Tolghinla in marmi da la propria idea,
In metalli, Lione e Benvenuto;
Istampinla, Gianiacope e Enea
Con la medesma acutezza discreta
Ch' usan' d'imprimer Pallade et Astrea.
O Vasaro! o Salviati! o Sermoneta!
Propitia la farete a chi la vede,
Digingendola in grembo al suo pianeta.
Giuseppe e il Maro ritrarran la fede
Il Tintore e Andrea la continenza,
Lei retrahendo a sedere e in piede;
Valerio et tu Francesco, l'innocenza
A procrear' in Musaico venite
Nel tor' la copia della sua presenza.
In uno le tre Grazie insieme unite
Improntara il famoso Anichino,
Recandola in corgnuole et in margarite
Principia i suoi simulacri, Baccino
Fanne Danese essemplari virili
Tu meo, tu Raffaello et tu Bronzino!....

(*Ternali in gloria de la Reina di Francia, Lettere del Aretino*, libro sesto, dalla carta 22 alla 28.)

de Gello, traduite par Denis Sauvage, et la félicite de ce qu'en elle se retrouve l'excellent naturel de Côme Ier, ce grand restaurateur des lettres [1]. »

La mort tragique de Henri II vint frapper Catherine de Médicis au moment où elle commençait à goûter un bonheur qui lui avait été longtemps refusé. Elle accorda de sincères et profonds regrets[2] à la mémoire de ce prince qui l'avait si souvent délaissée. La reine mère dont l'esprit et le jugement avaient acquis

1. *Lettres de Catherine de Médicis, Introduction*, p. 54.
2. On peut voir au musée de Cluny, sous le n° 1009, un émail fort intéressant dit *Cabinet de deuil*, exécuté pour Catherine de Médicis. La plaque sur laquelle se referment deux volets en cuir imprimé aux armes et aux chiffres de Henri II et de la reine avec semis de larmes, représente Catherine revêtue d'habits de deuil et agenouillée dans son oratoire. Avant la mort du roi, cette princesse avait adopté les devises et les emblèmes suivants : Un arc-en-ciel avec ces mots : *Il apporte la lumière et la sérénité;* ou un oiseau, au-dessous duquel on lisait : *Sans ailes il ne peut rien;* ou ces sentences : *La confiance triomphe*

dans l'isolement une grande maturité, prit la résolution, en dehors des soins que réclamait le gouvernement des affaires politiques, de faire désormais tous ses efforts pour imprimer un développement progressif aux lettres et aux beaux-arts.

Avant de retracer ici le rôle de haute protection littéraire et artistique de Catherine de Médicis, il n'est pas sans intérêt de consacrer quelques instants à l'examen d'une question de topographie

de la difficulté, la prudence est plus forte que le destin lui-même. Après son veuvage, elle choisit soit une lance brisée dont les éclats sont posés en pal de part et d'autre d'un écu, avec ces mots : *Hinc lacrimæ, hinc dolor;* soit une montagne de chaux vive sur laquelle tombent des gouttes de pluie, avec cette âme : *Elles attestent que la chaleur survit à la flamme éteinte.* La reine mère fit graver et sculpter, sur tous ses objets de toilette ou de parure et même sur des édifices (la colonne de l'hôtel de Soissons en porte encore des traces), des miroirs brisés, des lacs d'amour rompus et des plumes au vent, destinés à rappeler et à perpétuer le souvenir de ses regrets.

historique qui se rattache directement à notre sujet.

Le souvenir de la fameuse reine mère plane encore sur le Louvre. Les gens d'affaires eux-mêmes, en traversant chaque jour d'un pas rapide la cour de ce vaste palais, se sont sans doute parfois demandé dans quelle partie de la demeure royale leur imagination pouvait plus spécialement évoquer son ombre. Parmi les innombrables salles tant de fois remaniées de l'antique édifice, cherchons donc où l'on doit placer les appartements de Catherine de Médicis et notamment son cabinet de travail, qui, dans une étude sur les travaux littéraires de la reine mère, a droit à une mention particulière.

II

e Louvre, principale résidence du jeune roi François II et de Catherine de Médicis, offrait, en 1559, un aspect des plus singuliers. Deux styles différents s'y trouvaient en présence ; l'art gothique et celui de la Renaissance semblaient se porter un défi mutuel et soutenir un combat dans lequel le premier était d'avance condamné à une défaite certaine. « On voyait, d'un côté, dit M. Vitet, des tours et des

tourelles, des ponts-levis, tout l'appareil d'une forteresse, des ogives, des clochetons, des aiguilles, des statues dans leurs niches effilées suspendues à la grande vis de Raymond du Temple [1]; de l'autre, les lignes horizontales, les décorations symétriques, les profils réguliers des ordres corinthien et composite, tout cela juxtaposé tant bien que mal, rattaché par des pierres d'attente et par des soudures en platras. Du côté du midi, une façade aux deux tiers bâtie, et pour l'autre tiers en décombres [2]. »

Le palais de Charles V avait la forme d'un carré long et occupait une surface de 61 toises et demie de largeur, limitée par des fossés [3]. François Ier chargea

---

[1]. Architecte, ou, comme on disait alors, *maistre des œuvres* de Charles V.

[2]. *Le Louvre*, par M. Vitet. Paris, in-8°, Didot, 1853.

[3]. Sous les deux premières races de nos rois, le Louvre ne fut qu'un rendez-vous de chasse (Lupara), de très-médiocre importance. Louis le

Pierre Lescot de reconstruire le Louvre sur de nouveaux plans. Les tours rondes

Gros (1108-1137) et Louis le Jeune (1138-1180) y firent exécuter quelques travaux, et enfin Philippe Auguste, vers 1204, donna au château une telle importance, qu'il fut, dès lors, considéré comme son fondateur. Il entoura la cour de bâtiments composés d'un rez-de-chaussée et d'un étage, fit construire la fameuse grosse tour dont relevaient tous les grands fiefs de la couronne. Guillaume de Lorris, dans le *Roman de la Rose*, a décrit le Louvre sous la figure du *Palais de la jalousie*. Saint Louis fit faire au-dessus de la salle, depuis *salle des Caryatides*, une énorme salle qui porta fort longtemps son nom. Sous Charles V, le Louvre fut considérablement agrandi ; les appartements de sa femme, la reine Jeanne de Bourbon, étaient décorés de peintures, de sculptures, de tapisseries et de vitraux, qui faisaient l'admiration des étrangers. Charles VI et Isabeau de Bavière habitèrent le Louvre, mais n'y apportèrent que peu de changements. Charles VII y fit exécuter quelques sculptures par Guillaume Josse et Philippe de Joncières ; Louis XI, Charles VIII et Louis XII semblent s'être assez peu occupés de la résidence séculaire de leurs prédécesseurs. Le *vieux Louvre*, selon Sauval, pouvait être considéré comme une cité en miniature créée pour l'usage de la maison du roi. On trouvait dans son enceinte : *la fournerie, la paneterie, la sausserie, l'épicerie, la pâtisserie, le garde-manger, la fruiterie, l'échansonnerie, la bouteillerie, le lieu où*

de Raymond du Temple furent abattues et remplacées par des pavillons carrés

l'on faisait l'hippocras, la fourrerie, la lingerie, la lavanderie, la taillerie, la bûcherie, la charbonnerie, la conciergerie, la maréchaussée, la fauconnerie, l'artillerie, des celliers, des poulaillers, galliniers, etc., etc. Les fossés du Louvre étaient à fond de cuve, revêtus de petites pierres de taille; leur largeur variait de 5 à 7 toises; ils étaient remplis d'eau et bordés d'un petit mur à hauteur d'appui. (Voy. Sauval, *Antiquités de Paris, le Louvre*, t. II, p. 12 et suiv.) « François Ier fit démolir la grosse tour du Louvre, dit Androuet du Cerceau, et commencer, par Pierre Lescot, abbé de Clagny, le bastiment de la face où, de présent, sont les grandes salles du premier et du deuxième estage regardant la porte et entrée, au coing duquel est le grand escalier servant de passage pour aller aux offices de cuisine, hors le chasteau. Cette face de maçonnerie est tellement enrichie de colonnes, frises, architraves et toute sorte d'architecture avec symmétrie et beauté si excellente qu'à peine en toute l'Europe ne se trouvera la seconde. A l'autre bout, du costé de la rivière, il y a un fort beau pavillon pour le logis de Sa Majesté, le tout commencé, ainsy que j'ai dict, du vivant du feu roy François et parachevé par le roy Henry, son fils, sous l'ordonnance et conduicte du seigneur de Clagny. Ce que le roy Henry, se trouvant grandement satisfait de la veue d'une œuvre si parfaicte, délibéra la faire

disposés avec plus de régularité. Le Louvre, rebâti par Lescot[1], n'était, selon

continuer ès trois autres costés, pour rendre cette court non pareille. Et ainsi, par son commandement, fust commencé l'autre corps de bastiment depuis le susdict pavillon tirant du côté de la rivière, lequel a été poursuivi par les roys François second et Charles neufvième, dernier décédé, ou plustot *par la Royne leur mère*, jusques à l'endroict où sera assis un autre escallier pour servir audict corps de logis. » (*Le premier volume des plus excellents bastiments de France*, par Jacques Androuet du Cerceau, in-folio, Paris, 1573, p. 3.)

1. La salle dite *des Sept cheminées*, actuellement consacrée à l'école française, au musée du Louvre, était la *chambre de parade;* la pièce longue et étroite qui est contiguë, était la *chambre à coucher* des rois de France, de Henri II à Louis XIII. « Le fond était très-obscur, écrit M. de Clarac, et forçait presque d'aller à tâtons dans la partie où était le lit, qui s'élevait sur une marche de six pouces dans une alcôve tendue en cuir vert; une balustrade en bois sculpté, peinte en blanc, rehaussée d'or et haute de trois pieds, fermait cette alcôve qui, outre les rideaux de lit, en avait qui n'étaient que figurés et sculptés en bois peint et doré. Des groupes d'enfants les relevaient de chaque côté... Les panneaux du plafond étaient ornés de jolies peintures des meilleurs peintres de cette époque, tels que Bunel, Dubois, Fréminet, Evrard; la plus grande partie de ces belles boise-

M. de Clarac, que la façade d'un grand édifice ou d'un château terminé à ses deux extrémités « par deux gros pavillons » ; le plus éloigné de Saint-Germain l'Auxerrois était affecté à l'habitation des rois et des reines. Le rez-de-chaussée, depuis les derniers Valois, fut occupé par les reines mères.

Le Mercier, Le Vau et Perrault modifièrent successivement les plans de Lescot ; les bâtiments élevés par Perrault sur le mur de revêtement des

ries existe encore dans les magasins du Louvre... Cette petite chambre acquiert un grand intérêt, lorsqu'on pense que ce fut probablement là que le bon Henri IV rendit le dernier soupir. » (*Musée de sculpture ancienne et moderne*, par M. le comte de Clarac, t. I, p. 344.) Sous le second Empire, lors de la création du *Musée des souverains*, on rétablit, dans une autre aile du palais, les boiseries de la chambre à coucher des rois de France, qui ne sont pas antérieures au règne de Louis XIII, ainsi que celles de la chambre de parade, qui datent de l'époque de la Renaissance, et sur les panneaux desquelles on distingue le chiffre et les croissants de Henri II.

fossés du Louvre, privèrent les anciennes salles de leur vue splendide sur le fleuve et de leur exposition si saine en plein midi : « Le mur primitif de cette aile, jadis construit par Lescot, a appartenu au Louvre de Charles V, écrit encore M. de Clarac, et c'est aujourd'hui celui qui sépare les grandes salles du Musée royal des antiques, sur la rivière, d'avec celles qui donnent sur la cour, et *qui formèrent les appartements de Catherine de Médicis*[1]. »

Dirigeons nos pas de ce côté et tentons de reconstituer les appartements

---

[1]. *Description du Musée royal des antiques du Louvre*, par M. le comte de Clarac. Paris, in-8°, 1830. Voy. *Salle de la Diane*, p. 72 : « *L'appartement de la reine* (mère) *donnait sur la cour* », p. 150 : *Salle de l'Isis* : « Les petits appartements où nous nous trouvons, qu'on appelait *les appartements des reines mères*, devinrent de la plus grande magnificence et se réunissaient aux salles des bains... *Catherine de Médicis les fit richement orner de peintures* »; p. 203 il est enfin dit que la salle des Caryatides « *précédait les appartements de Catherine de Médicis* ».

de la reine mère, malgré les modifications qui les rendent presque méconnaissables. Après avoir franchi le seuil de la porte principale du Louvre, que Lescot avait enlevée à la façade méridionale pour la placer en face de Saint-Germain l'Auxerrois, nous traversons la grande cour et nous entrons, à gauche, dans la magnifique salle des gardes de Catherine, dite aujourd'hui *salle des Caryatides*. Cette salle, qu'on appelait alors la *Grand'salle basse,* fut formée par Lescot de plusieurs pièces du palais de Charles V. Jean Goujon décora sa tribune de quatre admirables statues, qui lui furent payées 727 livres tournois[1]. Au bout de cette salle se trouve celle qu'Androuet du Cerceau nomme, on ne sait pourquoi, *le Tribunal*, et

1. *Antiquités de Paris*, par Sauval, *le Louvre* t. II, p. 12 et suiv. Ces figures ont malheureusement subi, à diverses époques, des altérations fort regrettables qui ont modifié leur style et leur caractère.

qui était alors élevée de cinq marches au-dessus du sol de la première. Ces salles ont été le théâtre de divers événements de notre histoire nationale. C'est là que fut, dit-on, célébré le mariage de Marguerite de Valois avec Henri de Navarre ; la Ligue y tint ses états en 1593[1] ; l'année suivante, le duc de Mayenne y fit pendre ceux des membres du conseil des Seize qui avaient contribué à l'assassinat du président Brisson et du conseiller Tardif. Henri IV mourant fut un moment montré au peuple du haut de la tribune de Jean Goujon avant d'être transporté dans sa chambre à coucher, où il rendit le dernier soupir[2]. En sortant du Tribunal, nous nous trouvons dans une galerie appelée par M. de Clarac *Cor-*

---

1. Voy. le procès-verbal des Etats Généraux de 1593, par M. Auguste Bernard, in-8°, 1848.

2. *Musée de sculpture ancienne et moderne,* par M. de Clarac, t. II, p. 564.

ridor de Pan; à gauche, du côté de la Seine, s'étendent les salles *du Tibre, du Héros combattant, de la Pallas,* et *de la Melpomène,* formées par les constructions de Perrault. Sur la cour, en suivant cette sombre galerie, nous pénétrons dans les appartements de Catherine, représentés aujourd'hui, au Musée des antiques, par les salles *de la Vénus accroupie, d'Hercule et Télèphe, de Polymnie, du Faune dansant* et *de la Vénus de Milo.* « Elles tiennent, dit encore M. de Clarac, à la partie la plus ancienne du Louvre, et leur construction, que Lescot trouva trop bonne pour ne pas s'en servir, date au moins du temps de Charles V (1364-1380); elles formaient une grande partie des appartements de Jeanne de Bourbon, femme de ce prince, et communiquaient, par quelques escaliers, avec les appartements du premier étage…… Catherine de Médicis avait mis beaucoup de peine à les orner, ajoute le même auteur, et y avait déployé tout le luxe de son temps; elle chargea les meilleurs peintres de les décorer; les plafonds, les murailles s'enrichirent des ouvrages du *Rosso*[1], du *Primatice*[2], de son élève

[1]. Le Rosso, connu en France sous le nom de *Maistre Roux*, né à Florence en 1496, fut appelé à Paris par François Ier, qui le nomma surintendant du château de Fontainebleau. La grande galerie du palais, construite sur les dessins de ce maître, a été décorée par lui de statues et de peintures qu'on y admire encore. Le roi le combla de bienfaits et lui donna un canonicat de la sainte Chapelle. Le Rosso ayant eu le malheur d'accuser injustement de vol un de ses amis, en conçut un si violent chagrin, qu'il s'empoisonna en 1541. Son talent s'était principalement inspiré des œuvres de Michel-Ange et du Parmesan.

[2]. Francesco Primaticio, dit *le Primatice*, naquit à Bologne, en 1490, et fut employé à Mantoue, dans les travaux de décoration sculpturale du palais du Té. François Ier le chargea, en 1540, d'acheter en Italie des statues antiques et d'en faire faire des moulages en bronze destinées à orner les jardins de Fontainebleau. Jaloux de la réputation du Rosso, il fit abattre plusieurs constructions de ce maître afin de les remplacer par les siennes. Les ouvrages dont il a embelli diverses salles du palais de Fontainebleau sont restés

Nicolo dell' Abbate[1], et des sculptures de *Paul Ponce*[2], de *Roland Maillard* et de sa femme, d'après les dessins du Primatice. Rien ne peut plus rappeler ces beaux ouvrages, et *il ne reste rien au Louvre qui les retrace ;* mais ce qui existe encore à Fontainebleau, ces peintures, ces arabesques rehaussées d'or que le temps dévore et qui mériteraient

célèbres. Grâce à la protection de la reine mère, le Primatice fut nommé, sous le règne de François II, surintendant général des bâtiments du royaume ; il mourut en 1570. On lui doit les plans du château de Meudon et le tombeau de François Ier, à Saint-Denis.

1. Nicolo dell' Abbate naquit à Modène vers 1509 d'une famille vouée à l'art de la peinture. Ses principales fresques décorent les plafonds du palais de l'Institut, à Bologne. Le musée du Louvre possède un de ses tableaux, qui représente le mariage mystique de sainte Catherine. Il mourut en 1571.

2. Paul Ponce Trebati, sculpteur florentin, fut appelé en France par Catherine de Médicis, sous le règne de François II. On peut voir au Louvre, dans les salles des sculptures de la Renaissance, diverses œuvres de ce maître, provenant des mausolées de l'église des Célestins de Paris.

d'être respectées et rétablies, ces ornements si variés et de si bon goût des élèves de Raphaël et de Michel-Ange, peuvent donner une idée de l'élégance que Catherine de Médicis avait répandue dans ses appartements[1]. »

A droite, en sortant de la salle des Caryatides, on pénétrait dans les bains de la reine mère, qui occupaient les salles *du Tibre* et *de la Diane*. « Les appartements de Catherine de Médicis, dit M. Vitet, placés au rez-de-chaussée, en partie dans le pavillon du roi, en partie dans le corps de logis méridional, alors inachevé, étaient peu spacieux et d'une distribution peu commode. Elle ne put s'en contenter et fit aussitôt construire, à la suite du pavillon du roi et perpendiculairement à la Seine, un bâtiment allongé qu'elle rattacha par un

---

[1]. *Musée de sculpture ancienne et moderne*, par M. de Clarac, t. I, p. 490.

couloir à ses appartements[1]. C'est sur cette construction, d'abord simple rez-de-chaussée recouvert d'une terrasse, que, quarante ans plus tard, Henri IV éleva sa galerie *des Rois*, laquelle, à demi détruite par l'incendie de 1661, fut restaurée par Louis XIV et devint *la galerie d'Apollon*[2]. »

Nous connaissons maintenant la partie du Louvre où se trouvait le cabinet de travail de Catherine de Médicis. Une de ses fenêtres appartenait à la façade de Lescot, et donnait sur les jardins nommés, dès le temps de Charles V, *jardin du Roy et de la Royne*, pour

---

1. « D'avantage ont esté, par ladicte dame (Catherine de Médicis), encommencés quelques accroissements de galleries et terrasses du costé du pavillon, pour aller de là au palais qu'elle a faict construire et édifier au lieu appelé les Tuilleries. » (*Le premier volume des plus excellents bastiments de France*, par Jacques Androuet du Cerceau, in-4°. Paris, 1573, p. 3.)

2. *Le Louvre*, par M. Vitet. Paris in-8°, Didot, 1853.

les distinguer du *Vieux Jardin,* situé du côté de l'église Saint-Honoré, et qu'on appelait aussi *le Parc*, à cause des treillis de bois qui lui servaient de clôture[1]. C'est là que, dérobant chaque jour plusieurs heures au bruit et à la dissipation de la cour, la reine mère se retirait pour dépouiller les courriers politiques, pour rédiger elle-même de nombreuses dépêches aux souverains étrangers et aux agents

---

1. Le *parc* du Louvre, entouré de palissades formait un carré de 6 toises de longueur sur 6 toises 5 pieds de largeur; on y remarquait quatre pavillons rustiques, alternativement ronds ou carrés. « Le terrain de ce jardin, dit Sauval, était semé de poirées, de pourpiers, de laitues et d'autres légumes, de treilles, de rosiers et de tonnelles. » En 1333, Philippe de Valois y avait installé une ménagerie. Sous Henri III, les fauves furent transportés dans certaines salles basses du Louvre; ce prince les fit plusieurs fois combattre avec des dogues et des taureaux dans le *Jardin du roy*, situé entre les murailles du palais et les fossés du côté de la Seine; c'est encore là qu'il fit célébrer des joutes et des tournois, à l'occasion du mariage du duc de Joyeuse avec Marguerite de Vaudemont, sœur de la reine Louise de Lorraine.

diplomatiques, ou pour lire les œuvres des poëtes et des érudits dont elle encourageait les talents. « Elle aymoit fort les gens sçavants, dit Brantôme, et si lisoit volontiers ou se faisoit lire leurs livres qu'ils luy présentoient ou qu'elle avoit sceu qu'ils avoient escrit, et les faisoit acheter; jusques à lire les belles invectives qui se faisoient contre elle, dont elle se mocquoit et s'en rioit, sans s'altérer autrement, les appelant des bavards et des *donneurs de billevesées*, ainsy disoit-elle de ce mot... Elle n'espargnoit point la peine à lire; elle vouloit tout sçavoir, quelque chose qu'elle eust en fantaisie... Quand elle n'estoit point empeschée, elle-mesme lisoit toutes les lettres de conséquence qu'on luy écrivoit, et, le plus souvent, de sa main, en faisoit des dépesches, cela s'appelle aux plus grandes et privées personnes. *Je la vis, une fois, pour une après-disnée, escrire de sa main vingt pures lettres, et longues*[1]... »

La correspondance de Catherine de Médicis, publiée par M. le Cte de La Ferrière, et qui contiendra, dit-on, plus de six mille lettres de cette princesse, vient confirmer l'exactitude des assertions de Brantôme, et apporte aux futurs historiens de la reine mère de précieux matériaux.

Catherine de Médicis ne s'était point contentée de transporter dans la vieille forteresse féodale de Charles V, en partie reconstruite sous François Ier et Henri II, le luxe et la magnificence artistique des palais florentins. Désireuse de suivre en tous points les grandes traditions de son bisaïeul Laurent le Magnifique et du roi restaurateur des lettres grecques et françaises, elle avait songé également à enrichir la résidence

---

1. Brantôme. *Dames illustres.* — *Dé la Royne mère de nos Roys derniers, Catherine de Médicis*, p. 83, 84.

de ses fils de trésors littéraires dont, mieux que personne, elle savait apprécier la valeur. Ronsard nous l'apprend par les vers suivants :

Cette royne d'honneur, de telle race issüe,
Ainçois[1] que Calliope en son ventre a conceue,
Pour ne dégénérer de ses premiers ayeux,
Soigneuse, a faict chercher les livres les plus
[vieux,

1. Même. — Mlle de Gournay avait exprimé, au siècle suivant, le désir que ces vieux mots, *ainçois*, *moult*, *ains*, ne fussent point retranchés du discours français; ce vœu ne fut malheureusement pas exaucé par les novateurs trop rigoristes, et Ménage tourna en ridicule la demande de Mlle de Gournay dans les vers suivants :

... Depuis trente années,
On a, par diverses menées,
Banni des romans, des poullets,
Des lettres douces, des billets,
Des madrigaux, des élégies,
Des sonnets et des comédies,
Ces nobles mots : *moult*, *ains*, *jaçois*...,
Pieça, *servant*, *illec*, *ainçois*,
Comme estant de mauvais françois,
Et ce, sans respect de l'usage.
. . . .
Et, bien que telle outrecuidance
Fist préjudice aux suppliants,
Vos bons et fidèles clients,
Et que de Gournay la pucelle,

Hébreux, grecs et latins, traduicts et à traduire,
Et, par noble despense, elle en a faict reluire
Le haut palais du Louvre, afin que, sans danger,
Le François fust vainqueur du sçavoir estranger [1].

« La royne mère, écrit l'historien Palma Cayet, est surtout digne de louanges pour avoir fait rechercher les anciens manuscripts en toutes sortes de langues, desquels elle a faict augmenter et honorer la bibliothèque du roy, qui, en cela, est aujourd'huy la plus belle du monde [2]. »

Catherine de Médicis « fit venir d'Italie, dit à son tour le P. Hilarion de Coste, ceux de la bibliothèque des Médicis,

> Cette sçavante demoiselle,
> En faveur de l'antiquité,
> Eust nostre corps sollicité
> De faire des plaintes publicques
> Au décry de ces mots anticques.

(*Requeste des Dictionnaires* à MM. de l'Académie. *Variétés historiques et littéraires*, de M. Fournier, t. I, p. 134, 135, note 2.)

1. *Œuvres* de Ronsard, t. III, p. 379 : *le Bocage royal*.
2. *Chronologie novenaire*, de Palma Cayet.

qui servent maintenant d'ornement à la royale *librairie*[1] de nos monarques[2]. »

Cette assertion doit être en partie rectifiée ; les livres auxquels le P. de Coste fait allusion ne furent point transportés d'Italie en France[3] par Catherine. Le maréchal Pierre Strozzi[4] possédait à Paris une riche collection de manuscrits,

---

1. Bibliothèque.
2. *Éloges des Dames illustres*, par le P. Hilarion de Coste. *Catherine de Médicis*, t. I, p. 223.
3. Voy. *le Cabinet des manuscrits de la Bibliothèque impériale*, par M. Léopold Delisle, 2 vol. in-4°, t. I, p. 207.
4. Il était cousin germain de Catherine ; sa mère, Clarisse de Médicis, était la sœur de Laurent II, père de la reine mère : « Il paraissoit bien, dit Brantôme que ce grand capitaine estoit bien amateur des lettres, car il avoit une très-belle bibliothèque, dont on ne sçauroit dire de luy, comme le roy Louis XI disoit d'un prélat de son royaume qui avoit une très-belle librairie et ne la voyoit jamais, qu'il ressembloit à un bossu qui avoit une belle grosse bosse sur son dos et ne la voyoit pas. Mais M. le Maréchal visitoit et lisoit souvent sa belle bibliothèque. Elle estoit estimée plus de 15 000 escus, pour la rareté des beaux et grands livres qui y estoient. » (Brantôme, *Grands Capitaines estrangers. — M. le maréchal Strozzi.*)

bien connue des érudits de son temps; elle avait appartenu au cardinal Ridolfi, neveu de Léon X. Strozzi ayant été tué au siège de Thionville, en 1558, ses héritiers, sur la promesse d'une indemnité, consentirent à céder à la reine mère sa bibliothèque, alors évaluée à plus de 15 000 écus. Le dépôt des manuscrits de la Bibliothèque nationale possède encore l'ensemble presque complet de ces précieux documents, si heureusement préservés de la dispersion par Catherine de Médicis [1].

---

1. La Bibliothèque nationale conserve les quatre catalogues suivants des manuscrits de la reine mère :

1° *Index librorum Nicolai cardinalis Ridolphi.* Il comprend 806 volumes grecs, latins et hébreux. (*Fonds grec*, n° 3074.)

2° *Index librorum Bibliothecæ reginæ matris Catharinæ de Medicis, græco, latino et italico idiomate.* Ce catalogue, copié par Jean Bouhier, compte 748 manuscrits, classés sous 28 rubriques correspondant aux *capsæ* ou coffres qui renfermaient les volumes.

3° Original de l'*Inventaire du mobilier de Cathe-*

La grande bibliothèque de la reine mère, qui ne comptait pas moins de quatre mille cinq cents volumes, ne saurait être reconstituée aujourd'hui, mais un hasard heureux nous permet de connaître quels furent, parmi les nombreux ouvrages réunis par cette princesse, ceux pour lesquels, jusqu'à la fin de sa vie, elle conserva une prédilection toute particulière.

On trouve, à la Bibliothèque nationale, sous le n° 14359 du fonds latin, l'*Inventaire du mobilier de la reine mère*, dressé en 1589, après la mort de Catherine, par ordre de la Chambre des comptes, pour sauvegarder les droits du roi, seul héritier de cette princesse, aux termes de son testament. Outre le catalogue des manuscrits ayant pré-

---

rine de Médicis, dressé en 1589, après la mort de cette princesse, par ordre de la Chambre des comptes.

4° Original de l'*Inventaire,* rédigé par Pithou en 1597, et énumérant les titres de 780 volumes.

cédemment appartenu au maréchal Strozzi[1], l'*Inventaire* signale, dans le cabinet de travail de Catherine de Médicis, une *armoire à quatre guichets* contenant sa bibliothèque intime. « *La reine,* dit M. Bonaffé, *est tout entière dans ce recueil de vingt-deux volumes*[2]. » Ouvrons les portes de ce meuble et examinons successivement les titres des ouvrages qu'il renferme. Le premier qui nous tombe sous la main est un petit manuscrit *couvert de velours noir* que Catherine, fidèle à son amour conjugal et à ses regrets, gardait auprès d'elle et relisait sans doute encore quelques mois avant de mourir ; il est intitulé : *Consolation faicte sur la mort du feu roy Henry* (n° 236).

---

[1]. Cette collection comprend, dans l'*Inventaire*, 774 numéros, sous les titres suivants : *Theologica, Philosophia, Poetica, Rhetorica et Grammatica, Mathematica, Historica, Medica et Legalia.*

[2]. *Inventaire des meubles de Catherine de Médicis en* 1589, publié par M. Bonaffé, p. 14. Paris, in-12. Aubry, 1874.

Un *Recueil de diverses histoires* (n° 240)[1] nous prouve qu'alors, comme aux débuts de son règne, la reine mère prenait soin de relire les annales du glorieux passé de la France. Le nombre et la nature des cartes géographiques ayant appartenu à Catherine de Médicis, nous conduisent à penser, ainsi que le fait très-justement remarquer encore M. Bonaffé, « qu'elle était au courant des récentes découvertes des navigateurs, des travaux des *Mercator*, des *Ortelius* et de toute l'école de géographie du seizième siècle[2] ».

---

1. Le mot *histoires* est souvent, on le sait, employé dans le vieux langage, pour signifier *miniatures;* mais les mots *figures et portraictz*, qui complètent le titre de ce manuscrit, rendent ce sens invraisemblable ici et autorisent à penser qu'il s'agit de chroniques historiques.

2. *Inventaire des meubles de Catherine de Médicis*, p. 65, 66 et 83. Ces cartes étaient au nombre de vingt-six : n°ˢ 76 à 100 et 229 à 231. On remarque encore, sous le n° 233, *ung autre livre couvert de cuir de Levant en velain* (sic), *où sont descrites les cartes de navigations, escrit à la main.*

Deux mémoires, l'un sur la *Généalogie des comtes de Boulogne*, l'autre relatif à l'*Origine et succession* de cette maison (n°ˢ 242 et 243), rappellent les prétentions de la reine mère à la couronne de Portugal et la triste expédition de 1582, qui se termina par la défaite et par la mort de Philippe Strozzi, neveu du maréchal de ce nom[1]. L'intérêt que cette princesse attachait à connaître exactement la topographie des diverses provinces du royaume est démontré par la *Description générale du duché de Berry*, l'un des apanages de la reine mère et par celle *du pays de Lyonnois*, que lui dédia Nicolay[2].

---

1. Voy. *Un ambassadeur libéral sous Charles IX et Henri III*, par Edouard Fremy, ouvrage couronné par l'Académie française, in-8°; Leroux, p. 334 et suivantes.
2. On peut voir encore ce volume à la Bibliothèque nationale; sur la reliure de maroquin noir parsemé de larmes d'or, on remarque l'écusson et la devise de Catherine de Médicis.

Deux manuscrits, l'un couvert de parchemin et portant pour titre : *Kalendrier grégorien* (n° 234)[1], l'autre relié en cuir rouge et intitulé : *les Prophéties des Sibilles* (*sic*) (n° 241), représentent l'attrait particulier que Catherine de Médicis conserva toujours pour la cosmographie et pour l'art divinatoire. Le crédit qu'elle accordait aux sciences occultes est encore affirmé, de nos jours, par la fameuse colonne de la Halle aux blés, seul débris subsistant de l'hôtel de Soissons, et qui jadis servait d'observatoire aux astrologues de la reine mère[2]. Cette croyance superstitieuse, alors par-

---

1. Le *Calendrier grégorien* contenait les dernières indications sur les phases de la lune et sur les évolutions des corps célestes. (Voy. l'édition de 1583.)

2. « J'ay ouy conter (et le tiens de bon lieu), écrit Brantôme, que quelques années avant que le roy (Henri II) mourust, aulcuns disent quelques jours, il y eust un devin qui composa sa *nativité* et la luy fist présenter : au dedans il trouva qu'il debvoit mourir en un duel et combat singulier.

tagée par tant d'esprits distingués, est imputable au défaut de lumières scienti-

M. le Connestable y estoit présent, à qui le roy dict : « Voyez, mou compère, quelle mort m'est présagée. » — « Ah! Sire, respondit M. le Connestable, voulez-vous croire ces marauds, qui ne sont que menteurs et bavards? Faictes jetter cella au feu! » — « Mon compère, répliqua le roy, pourquoy? Ils disent quelquefois la vérité. Je ne me soucie de mourir autant de cette mort que d'une aultre, voyre je l'aymerois mieux, et mourir de la main de quiconque ce soyst, pourveu qu'il soyt brave et vaillant et que la gloire m'en demeure. » Et, sans avoir esgard à ce que lui avoit dict M. le Connestable, il donna cette prophétie à garder à M. de l'Aubespine, et qu'il la serrast pour quand il la demanderoit. Or le roy ne fust pas plustôt blessé, pansé et retiré dans sa chambre, que M. le Connestable, se souvenant de cette prophétie, appela M. de l'Aubespine et luy donna charge de l'aller quérir, ce qu'il fist, et aussitôt qu'il l'eust veue et leue, les larmes luy furent aux yeux. « Ah! dict-il, voilà le combat et duel singulier où il debvoit mourir! Cela est faict, il est mort! Il n'estoit pas possible au devin de mieux et plus à clair parler que cela, encore que, de leur naturel ou par l'inspiration de leur esprit familier, ils sont tousjours ambigus et doulteux et ainsy ils parlent tousjours ambiguement, mais là, il parla fort ouvertement. Que maudict soit le devin qui prophétisa si au vray et si mal! » (Brantôme, *Vies des Hommes illustres françois*

fiques d'un temps où les lettres brillèrent d'un si vif éclat. A côté des misé-

Henri II, p. 5o et suivantes.) Catherine de Médicis, qui entretenait des relations très-suivies avec plusieurs astrologues, et notamment avec Côme Ruggieri, Nostradamus, Regnier, Jérôme Cardan e Luc Gauric, les consulta souvent sur l'avenir réservé à son époux et à ses enfants. De Thou rapporte que ce dernier tira à plusieurs reprises l'horoscope de Henri II : « *Cum Catharina uxor, futuri anxia fœmina, eum super viri ac filiorum fato consuleret.* » (Thuan, lib. XXII.) Gassendi s'appuie toutefois sur le texte même des thèmes de nativité dressés par Gauric, pour affirmer qu'il avait annoncé au roi un règne aussi long que prospère. L'horoscope de 1552, publié à Venise, chez Curtius Troianus Navo, promet, en effet, à Henri qu'il atteindra l'âge de soixante-neuf ans, dix mois et douze jours, avec cette seule réserve : « *Si forte superaverit suæ ætatis annos 56, 63 et 64* ». Les calculs astrologiques faits de nouveau par Gauric en 1556, ainsi que ceux de Cardan, assuraient également une heureuse vieillesse au prince qui devait, à quarante ans, tomber mortellement frappé par Montgomery. Nostradamus, qui avait prédit à la reine mère qu'elle verrait régner ses quatre fils, fut mieux secondé par les circonstances. On conserve, au Musée de Cluny, un curieux monument de la science astrologique ; ce sont les horoscopes de Henri II et de Diane de Poitiers, unis dans un même thème généthliaque.

rables qui spéculaient sur la crédulité humaine dans un but exclusif d'ambition ou d'intérêt, on peut accorder un regard de sympathique pitié à quelques hommes qui, bien qu'engagés dans une fausse voie, ont consacré leur vie entière à l'étude passionnée des phénomènes de la nature. Déjà, d'ailleurs, la vérité commençait à percer les voiles que lui imposaient des erreurs séculaires. L'astronomie se dégageait de l'astrologie et la chimie de l'alchimie. Le Polonais Copernic venait de révéler les lois du mouvement de la terre. Le savant Lombard Jérôme Cardan, qui ne se bornait pas à dresser des horoscopes pour la reine mère, faisait faire les plus notables progrès aux connaissances mathématiques, et le Poitevin François Viète, fixant la langue de l'algèbre, appliquait ses formules à la géométrie et à l'arithmétique.

La poésie n'est explicitement représentée dans l'*Inventaire* que par une *Sottie* à huit personnages, de Pierre Gringoire, le grand poëte satirique du quinzième siècle, intitulée : *les Abus du monde*[1] (n° 238). Les volumes, désignés sous cette vague dénomination : *Neuf autres petits livres de divers autheurs* (n° 245), laissent le champ libre à toutes les conjectures ; les commissaires ont également négligé de nous faire connaître les titres des ouvrages, vraisemblablement assez nombreux, renfermés dans *un petit coffre de bahu carré, fermant à deux serrures, plain de livres de divers autheurs* (n° 201).

Les œuvres des meilleurs poëtes contemporains de la France et de l'Italie étaient sans doute au nombre de ces *divers autheurs*, et c'est là que se trou-

---

1. Ces personnages étaient : *le monde, abus, sot dissolu, sot glorieux, sot corrompu, sot trompeur, sot ignorant, sotte folle.* (Voy. *Œuvres de Pierre Gringoire*, publiées par M. d'Héricault, édition elzévirienne.)

vait le beau manuscrit des poésies de Charles d'Orléans, aujourd'hui conservé à la Bibliothèque nationale [1], et relié au chiffre et à la devise de Catherine de Médicis.

La bibliothèque de la reine mère devait, en outre, contenir de précieux recueils de *mystères*, *farces*, *sotties* et *moralités*, depuis le moyen âge jusqu'au seizième siècle. Brantôme, en effet, nous signale la prédilection de Catherine pour la littérature dramatique :

« La royne, écrit-il, aymoit fort à voir jouer des comédies et des tragédies [2]; mais, depuis *Sophonisbe*, composée par M. de Saint-Gelais, et très-

---

[1]. Bibliothèque nationale, *Mss.*, *fonds français*, n° 1104.

[2]. « La reine mère avait fait construire, à la suite de ses appartements, une salle de spectacle, dont le grand escalier, construit, au commencement du siècle, par MM. Percier et Fontaine et remanié dans ces dernières années, occupe aujourd'hui l'emplacement. » (*Musée de sculpture ancienne et moderne*, par M. de Clarac, t. Ier, p. 539.)

bien représentée par Mesdames ses filles et autres dames et demoyselles et gentilshommes de sa cour, qu'elle fit jouer à Blois, aux nopces de M. de Cypierre et du marquis d'Elbeuf, elle eut opinion qu'elle avait porté le malheur aux affaires du royaume, ainsi qu'il succéda; elle n'en fit plus jouer (des tragédies), mais ouy bien des comédies et tragicomédies et même celles des *Zani* et *Pantalons*[1], y prenoit grand plaisir et y

---

1. Dans la comédie italienne, le *Zani*, forme vénitienne du nom de Giovanni, était le type du sot bouffon dupé par le reste de la troupe. Le *Zani* s'acclimata en France sous le nom de *Jeannin*, et devait se perpétuer jusqu'à nos jours sous celui de *Jeannot*. Ronsard, rentré à Paris après l'entrevue de Bayonne, écrivait à Catherine de Médicis ces vers, qui viennent encore à l'appui des assertions de Brantôme, au sujet du goût de la reine mère pour la comédie :

> Quand voirrons-nous, sur le haut d'une scène,
> Quelque *Janin* ayant la joue pleine
> Ou de farine ou d'encre, qui dira
> Quelque bon mot qui vous réjouira?

Le *Pantalon* était la personnification du vieillard niais du théâtre antique trompé par les fils de

rioit son saoul comme une autre, car elle rioit volontiers, et aussy, de son naturel, elle estoit joviale et aymoit à dire le mot ou il y avoit à redire. » Brantôme ajoute ailleurs qu'après un tournoi donné à Fontainebleau pendant le carnaval, la reine mère « fist représenter une belle comédie sur le sujet de la *belle Genièvre* de l'Arioste, par Mesdames d'Angoulesme et par les plus honnestes et belles princesses, dames et filles de sa cour qui, certes, la représentèrent très bien et tellement qu'on n'en vist jamais une plus belle[1]. »

Catherine, qui se montrait si sensible aux traits et aux ingénieuses finesses du théâtre comique, professait un dégoût

---

famille et par les valets; il portait une culotte longue, et c'est là qu'il faut chercher l'étymologie du mot « pantalon » appliqué à cette partie du vêtement moderne, qui a succédé aux braies, aux chausses et aux culottes de l'ancien régime.

1. Brantôme, *Dames illustres*. — *Catherine de Médicis*, p. 48, 49, 78, 79.

profond pour les grossièretés dont la foule se montre toujours avide et dont les délicats et les savants eux-mêmes ne rougissaient pas alors de souiller leurs écrits. Elle entreprit de réformer cet abus indigne de la scène française. Jean-Antoine de Baïf, fils de l'ambassadeur Lazare de Baïf, condisciple et ami de Ronsard, nous en a conservé la preuve. Il rappelle en effet à Charles IX que la reine mère l'a chargé de traduire les principaux chefs-d'œuvre de la comédie antique[1], en lui ordonnant toutefois de retrancher avec soin tout ce qui pouvait blesser la décence :

Icy donnant l'abit aux joueurs de Térence,
Térence, auteur Romain que j'imite aujourd'huy
Et, comme il suit Ménandre en ma langue j'ensuy ;
Ce que j'ay faict m'estant commandé de le faire
Afin de contenter la Royne vostre mère
Qui, de sur tout, *m'enjoint* fuir lassiveté
En propos offensant Sa chaste Majesté.

1. Baïf avait déjà donné une imitation du *Miles Gloriosus* de Plaute intitulée : « *Le Brave*, comédie de Jan (*sic*) Antoine de Baïf du commandement de Charles IX Roy de France et de Cathe-

Les efforts de cette princesse pour imprimer à l'inspiration souvent trop libre des poëtes de son temps un cours plus austère et plus régulier, sont encore affirmés par Remy Belleau, qui lui dédie ses *Eglogues sacrées*, « n'ayant, dit-il, rien de plus propre ny de mieux séant à vostre chaste et modeste grandeur que ces petites chansons pastorales que j'ay tirées du Cantique des Cantiques de Salomon ; j'ay bien osé vous les présenter et leur donner jour sous la faveur de vostre nom... il n'y a rien qui ne soit saint et divin et digne des chastes oreilles d'une grande royne telle

rine de Médicis, la Royne sa mère, en la présence de leurs MM. pour démontrance d'alégresse publique en la paix et tranquilité commune de tous princes et peuples crétiens avec ce royaume, que Dieu veule confermer et perpétuer, fut publiquement, en l'hostel de Guise, à Paris, représentée le mardy, feste de Sainct-Charlemagne 28e jour du mois de janvier l'an 1567. » (*Les Jeux* de Baïf, 1573.)

1. Bibliothèque nationale, *Mss.*, *fonds français*, n° 1104.

que vous estes, vous suppliant très-humblement, Madame, prendre plaisir à la lecture d'icelles et les recognoistre d'aussi bon œil que de très-humble et très-obéissante volonté que je vous les présente. »

Le chef de la Pléiade, le *prince des poëtes* dont la France était si justement fière, reçut plus tard de la reine mère les mêmes instructions qui témoignent d'une unité d'intention et de direction bien arrêtée dans l'esprit de cette princesse. Un jour, qu'on vantait devant elle la grâce exquise et pure des sonnets composés pour Laure par Pétrarque, Catherine de Médicis s'adressant à Ronsard, « *l'excita*, dit Claude Binet, *à escrire de pareil stile, comme plus conforme à son âge et à la gravité de son sçavoir. Et ayant, ce luy sembloit, par ce discours, occasion de voüer sa Muse à un sujet d'excellent mérite, il print le conseil de la royne pour permission ou plus tost commandement de s'adresser en si bon lieu, qui estoit une des filles de sa chambre d'une très-ancienne et très-noble maison en Saintonge : ayant continué en ceste volonté jusques à sa mort, il finist quasi sa vie en la loüant.* » Les *Sonnets pour Hélène*, faits par Ronsard pour Mlle de Surgères, et qui marquent sa dernière manière, furent donc composés à la demande de la reine mère.

Le volume qui porte, dans l'*Inventaire*, le n° 244, est ainsi désigné : *Ung autre livre couvert de cuir de Levant doré, où sont les pourtraicts de divers plants de bastiments ;* « il atteste, écrit M. Bonaffé, ce que nous savions dejà, que Catherine dessinait elle-même à merveille, qu'elle aima les arts toute sa vie et fut jusqu'à son dernier jour la providence des architectes [1]. » Un ma-

---

1. M. Destailleurs possède un exemplaire de l'*Architecture* de Philibert Delorme, dédié à

nuscrit *couvert de velours vert*, et renfermant une description du jeu d'échecs (n° 239), vient clore la série des ouvrages réunis dans le cabinet de travail de la reine mère : il a, sans doute, contribué à adoucir les tristesses d'une situation dont la vieillesse et la disgrâce augmentaient encore l'amertume.

Une des clauses du traité de Cateau-Cambrésis, signé entre la France et l'Espagne, le 3 avril 1559, stipulait le mariage d'Élisabeth, fille aînée de Henri II, avec Philippe II, roi d'Espagne[1]. Le duc d'Albe fut chargé de représenter son maître aux fêtes nuptiales dont la mort violente de Henri II[2]

Catherine de Médicis, et relié à ses armes. Le grand architecte avait également offert à la reine mère la dédicace de son ouvrage intitulé : *Des plus excellents bastiments de France*.

1. Marie Tudor était morte le 17 novembre 1558.
2. Ronsard a chanté dans les vers suivants la mort de ce prince :

Jà l'olivier tenoit la place des lauriers
Aux portaux attachés : au crocs pendoient les armes,

vint changer les réjouissances en deuil. Lorsqu'elle eut accordé un juste tribut de regret à la mémoire d'un père qui l'avait tendrement aimée, la jeune reine, alors âgée de quatorze ans, dut songer à quitter la France pour aller trouver son époux. François II et Catherine de

> Et la France essuyoit ses plaintes et ses larmes ;
> Jà le palais estoit pour la nopce ordonné
> Le Louvre, de lierre et de buis couronné ;
> Déjà sa fille au temple espouse estoit menée ;
> On n'oyoit retentir que la voix d'hyménée ;
> Hymen ! hymen ! sonnoit par tous les carrefours ;
> Partout on ne voyoit que Grâces et qu'Amours ;
> Mars banny s'enfuyoit aux régions barbares,
> Quand, entre les clairons, trompettes et fanfares,
> Au milieu des tournois, au chef il fust blessé
> Ayant l'œil gauche à mort d'une lance percé.
> Spectacle pitoyable ! exemple que la vie
> De cent maux impréveuz, fragile, est poursuivie
> Puisqu'un roy si puissant d'empire et de hauteur
> En jouant est tué par un sien serviteur !
> Ainsi mourust Henry, car toute chose passe,
> Qui de bonté, beauté, prouesse et bonne grâce
> Surmontoit tous les roys ; mais le ciel endurcy
> Non plus que de bouviers, des princes n'a soucy..
> Je le servy seize ans, domestique à ses gages,
> Non ingrat, lui sacrant mes plus doctes ouvrages.
> Je n'ay sceu prolonger sa vie, mais j'ai sceu
> Allonger son renom autant que je l'ay peu.

(*Œuvres* de Ronsard, t. VIII, *Épitaphes*, p. 184. *Le tombeau de Marguerite de France*, etc.)

Médicis voulurent l'accompagner jusqu'à Poitiers ; de Thou assure que « bien des larmes furent répandues quand on se sépara ». Le brillant avenir qui s'ouvrait devant Élisabeth, les séductions d'un trône alors considéré comme la clef de voûte de la chrétienté, ne pouvaient lui faire oublier qu'elle abandonnait pour toujours sa famille et sa patrie. « La royne fut triste tout le long du chemin, écrit Palma Cayet ; lorsqu'elle voyait quelque beau chasteau et qu'on luy présentoit quelque chose de gentil : « Y
« a-t-il d'aussy belles maisons en Es-
« paigne, disait-elle, y a-t-il de cela
« en Espaigne?[1] »

Le cardinal de Burgos, accompagné du duc de l'Infantado, vint, au nom de Philippe II, recevoir Élisabeth, à Roncevaux. Elle répondit à la harangue

1. Palma Cayet, *Chronologie novenaire.*

qu'il lui adressa « de si belle façon et bonne grâce qu'il en demeura tout estonné, rapporte Brantôme, car elle disoit des mieux et avoit esté très-bien nourrie[1] ». Lorsque la royale enfant parut pour la première fois à Madrid en présence de son époux, elle se prit à considérer le prince avec une attention qui éveilla chez lui une soupçonneuse méfiance. « Que regardez-vous ainsi, lui dit-il durement, si j'ai des cheveux blancs[2]? » « Et depuis, ajoute Brantôme, on en augura mal[3]. » Néanmoins, malgré la grande différence d'âge qui les séparait, Élisabeth témoigna toujours au roi un tendre et inaltérable attachement. Opposant une résistance invincible aux suggestions de Catherine

---

1. Brantôme, *Dames illustres*. — *De la royne d'Espagne Elisabeth de France*, p. 194.
2. Philippe II était âgé de trente-six ans.
3. Brantôme, *Dames illustres*. — *De la royne d'Espagne Elisabeth de France*, p. 183, 184.

de Médicis, elle ne voulut exercer aucune influence personnelle, se bornant à défendre et à faire respecter la politique de Philippe II[1].

Les *Épîtres* adressées par Catherine de Médicis au roi et à la reine d'Espagne furent vraisemblablement écrites dans le courant de l'année 1565, pendant et après le séjour d'Élisabeth de Valois sur la frontière française. Rappelons donc brièvement la nature des relations entretenues par la reine mère avec l'Espagne, en indiquant le caractère et le résultat de l'entrevue de Bayonne. Dans ce rapide exposé, nous nous appuierons

---

1. « Elle se montre, écrit, en 1555, l'ambassadeur vénitien Soranzo, désireuse de satisfaire le roi, et *elle ne veut que ce qu'il veut.* » (*Diplomatie vénitienne*, de M. Baschet, p. 245; voy. également l'*Histoire d'Élisabeth de Valois*, par M. le marquis du Prat; les *Lettres de Catherine de Médicis*, les *Négociations de la France avec la Toscane*, par M. Louis Paris et les *Papiers d'État* du cardinal Granvelle, dans la *Collection des documents inédits relatifs à l'Histoire de France.*)

presque exclusivement sur la correspondance de Catherine de Médicis.

La reine mère, contrainte de subir la dictature des Guises sous le règne de François II, s'était empressée, à la mort de ce prince, de s'emparer du pouvoir suprême qu'elle avait si ardemment convoité. L'importance du maintien de l'alliance espagnole ne lui avait point échappé. Dès le début de sa régence, Catherine chargeait Élisabeth de plaider la cause de la France auprès de Philippe II, et de dissiper une méfiance de nature à altérer les bons rapports des deux cours :

« Ma fille, m'amye, lui écrit-elle, mettez pouyne[1] d'entretenyr le roy vostre mary en la bonne volonté laquele y portet au feus roys vostre père et frère et aussy à moy, particulièrement l'aseurent que, tent que je vivray, qu'i

---

1. Peine.

ne conestra, de nostre couté, que amytyé et bonne yntélygence aveques luy, et qu'i s'aseure que je nouriré le roy mon fils en sete volonté, et que d'aultent que, asteure, j'é l'autorité et gouvernement en set[1] royaume, que d'aultent plus set[2] doyt-il aseurer que y n'ara neul aucasion de changer la volanté en nostre endroict et que, encore que je souy contraynte d'avoir le roy de Navarre auprès de moy, d'autent que les louys[3] de set royaume le portet ynsin[4] quant le roy ayst en bas ayage[5] que les prinse du sanc souyt auprès de la mère, si ne fault-y qu'il entre en neule doulte, car y m'è si aubéysant et *n'a neul comandement que seluy que je luy permès;* par ensin *y se peut aseurer de luy come de moy...* Ma fille, m'amye, vous voyés les aflyction qu'i plest à Dyeu m'envoyer, qui sont des

1. Ce. — 2. Se. — 3. Lois. — 4. Ainsi. — 5. Age.

plus grandes que yl anvoyé jeamès à personne. Néanmoyns, aveques tous mes malheurs, y me fayst la grase de voyr vostre frère haunoré et aubéy *et moy ausi*, et set royaume en pays[1] et heunyon[2], qui m'est un grand réconfort; mès le plus grant sayst[3] l'espéranse que je ay en vous, qui entretiendrés le roy vostre mari en la pays en laquele le roy vostre père a lésé ce royaume aveques luy ; et je m'aseure que ne fauldrés d'y faire tous les bons aufyses[4] que pourés[5]. »

Si Catherine désirait se ménager l'appui de Philippe II, elle n'entendait nullement, toutefois, engager son indépendance et obéir aveuglément aux instructions du gouvernement espagnol. Presque toujours éloignée des solutions

---

1. Paix. — 2. Union. — 3. C'est.
4. Offices.
5. *Lettres de Catherine de Médicis*, p. 568. — *A ma fille la Royne Catolyque*, 19 décembre 1569.

violentes, ainsi que l'a fait tout récemment encore remarquer Henri Martin[1], elle avait accueilli avec faveur les tendances d'une politique d'apaisement et de conciliation, secondant les vues de L'Hospital, qui conservait l'espoir d'arriver légalement et par des réformes équitables à réconcilier les deux factions adverses. « Nous avons, durant vingt ou trente ans, écrit Catherine, le 31 janvier 1561, à l'évêque de Limoges, représentant du roi auprès de Philippe II, essayé le cautère pour cuyder arracher la contagion de ce mal d'entre nous, et nous avons veu par expérience que ceste violence n'a servy qu'à le croistre et multiplier, d'aultant que, par les rigoureuses pugnitions qui se sont continuellement faictes en ce royaume, une infinité de pauvre peuple c'est confirmé en ceste oppinion jusques

---

1. *Compte rendu de l'Académie des sciences morales et politiques*, séance du 3 août 1881.

à avoir esté dict de beaucoup de personnes de bon jugement qu'il n'y avoit rien plus pernicieux pour l'abollissement de ces nouvelles oppinions que la mort publique de ceux qui les tenoient, puisqu'il se voyoit que, par icelles, elles estoyent fortiffiez... Les cendres du feu qui s'est estaint estant encores si chaudes que la moindre scintille[1] le flamberoit plus grand qu'il n'a jamais esté, j'ay esté conseillée par tous les princes du sang et aultres princes et seigneurs du conseil du roy mon seigneur et mon filz, d'avoir esgard à la saison où nous sommes, où quelque foys, nous sommes contrainctz de dissimuler beaucoup de choses que, en aultre temps, l'on n'endureroit pas, et, pour ceste raison, de suivre la voye de doulceur en ce faict afin d'essayer, par honnestes remonstrances, exhortations et prédications, de réduire ceulx qui se trouveront errer au

1. Étincelle.

faict de la foy et de pugnir sévèrement ceulx qui feront scandales ou séditions, affin que la sévérité en l'ung et la doulceur en l'aultre nous puisse préserver des inconvéniens d'où nous ne faisons que sortir. Ce que je suis bien ayse que vous faciez entendre au roy mon bon fils[1] affin qu'il ne prenne point plus mauvaise odeur de mes actions, qu'après les avoir espeluchées avec la raison il ne doibt. Car il faut qu'il considère que ce n'est pas tout ung de ce royaume et de l'Espaigne, d'aultant que là ce mal ne faict que naistre et, pour le purger et garder de croistre, la rigueur est nécessaire, et il est icy si enraciné qu'il est malaysé, voire impossible, de l'oster ou arracher[2]. »

Les idées exprimées dans cette dé-

1. Philippe II.
2. *Lettres de Catherine de Médicis,* p. 577 et 578. — *A Monsieur de Limoges,* 31 janvier 1561 On voit que l'orthographe est ici bien différente de celle de la dépêche précédente, un copiste

pêche de la reine mère, et publiquement exposées par Michel de L'Hospital aux états généraux d'Orléans, se traduisirent bientôt par des faits. Le Parlement reçut l'ordre de surseoir à toute poursuite en matière de religion. Le prince de Condé rentra en grâce auprès du roi, et Antoine de Navarre fut nommé lieutenant général du royaume. Ces concessions importantes accordées au parti réformé par le gouvernement français, excitèrent au plus haut degré le mécontentement de la cour d'Espagne. Philippe II et ses agents adoptèrent dès lors une attitude si menaçante, que Catherine de Médicis jugea nécessaire d'offrir à son gendre de fixer,

inconnu ayant jugé opportun de corriger les nombreuses fautes de Catherine de Médicis, qui écrivait le français comme elle le prononçait. On ne peut que féliciter l'éditeur d'avoir scrupuleusement maintenu l'orthographe toutes les fois qu'elle est parvenue jusqu'à lui : en lisant à haute voix ces lettres de la reine mère, on croit l'entendre parler.

de concert avec lui, la date d'une entrevue secrète, où les souverains pourraient eux-mêmes examiner les questions qui les divisaient et conjurer ainsi les périls d'un dissentiment qu'ils avaient un commun intérêt à éviter. « Advisez, écrit-elle à l'évêque de Limoges, le 21 avril 1561, par tous les moyens, où vous pourrez bastir cette entrevue que je désire plus que chose en ce monde, pour le fruict qui en sortiroit, comme je m'asseure, et principalement à moy et à ce royaume, ne voyant rien qui puisse tant commander et contenir toutes choses que cela... Je ne me suis jamais peu dissuader de l'envie que j'ai tousjours eue de veoir le roy catholique, et plus m'augmente-t-elle à cette heure que jamais, pour le bien que cela feroit à la chrestienté, à ce royaume et à moy[1]. »

---

1. *Lettres de Catherine de Médicis*, p. 188. — A *Monsieur de Limoges*, 21 avril 1561.

Ces ouvertures ne furent point alors accueillies par le cabinet de Madrid. Inquiète d'une situation qui, en se prolongeant, lui faisait redouter les complications les plus graves, Catherine de Médicis, pendant quatre années, ne perdit pas un instant de vue le but auquel elle tendait. La correspondance de cette princesse témoigne de ses constants efforts pour se disculper aux yeux de son gendre et pour le mettre en défiance contre les menées du parti espagnol français qui, afin de gagner la confiance de Philippe II, cherchait à noircir et à calomnier non seulement les actes, mais encore les intentions de la reine mère. La dépêche qu'elle adresse au roi d'Espagne, en janvier 1562, a un double but. Après avoir de nouveau insisté sur la nécessité d'une entrevue qui effacerait tous les malentendus, Catherine cherche à convaincre Philippe II de son dévouement absolu à la cause catholique et le prie de se tenir en garde contre les intrigues des rebelles qui se servent de la religion comme d'un prétexte, pour arriver à satisfaire leurs intérêts personnels.

« I n'y a rien plus nésésère pour nostre repos et la tranquilité de ses deus royaumes, écrit la reine mère au roi d'Espagne, que sete meuteuele aseurance de nous volontés qui aulterè touttes les duttes[1] et défianse où l'on nous voldrès mestres les heun[2] et les aultres, et si aucoun vous en navoyt vouleu donner que je n'euse mis touttes les pouynes[3] et ayseié[4] tous les moyens que je me suis peu avyser et que l'on m'a consellés pour remédier au trouble de la religion, je vous supplie ne le croyre poynt, et panser que je n'i oubliré chause quele quele souit[5] pour remettre set royaume en repos et aulter le moyen

1. Doutes. — 2. Uns. — 3. Peines. — 4. Essayé. — 5. Soit.

à ceulx qui nous voldrest encore facher soubz cete couleur... la religion ayst heune[1] couverture dont souvent l'on se sert pour cacher heune mauvèse volanté et, pour sète cause, je vous prie, monsieur mon filz, pour aystre prinse[2] sage, prudent et avisé, aysaminé bien l'intention de seus qui se servet de set manteaulx et setpendent n'on rien moins que religion au cour[3], afin que, si quelque heun, seubz set hombre, vous volet intrepeter[4] sa pasion heun zelle de religion, vous leui[5] ajeutiès ausi peu de fouys[6], come ses actions feront conestre à Vostre Majesté en devoyr aystre peu ajouté, et d'aultent qu'il est aysé à conestre que la pasion domine plus que la rayson en seus qui prandroynt sete aucasion de se playndre de l'ynégalité que vous alégués aystre entre les dévoyés[7] et catoliques, je vous puis

1. Une. — 2. Prince. — 3. Cœur. — 4. Interpréter. — 5. Lui. — 6. Foi. — 7. Dissidents.

aseurer, monsieur mon filz, que je fayré tousjour grande diferanse entre seus qui tiène nostre bonne religion et les aultres qui s'en départent, et suis bien marrie que le ayage[1] du roy mon filz et lé troubles que j'ey trové à l'avènement de sa couronne ne m'on permis d'avoyr peu fayre conestre à tou le monde set que je an né dans le cour[2], et m'on contreynt fayre bocup de chause que, en heun autre sayson, je n'euse fayst[3]. »

Cette politique souple et mobile, toujours prête à se modifier suivant les circonstances et à plier devant les événements, ne pouvait obtenir l'approbation du prince le plus absolu qui fut jamais. La paix d'Amboise, conclue avec les protestants le 19 mars 1563,

---

1. Age. — 2. Cœur.
3. *Lettres de Catherine de Médicis*, p. 264. — *A Monsieur mon fils, le Roy Catolyque*, janvier 1562.

vint encore augmenter les griefs que l'Espagne nourrissait contre le gouvernement français. Une explication verbale et décisive fut jugée de part et d'autre inévitable. Le jeune roi et la reine mère étant sur le point de quitter Paris pour faire, dans les provinces du Midi, un séjour d'assez longue durée, on résolut de saisir cette occasion pour ouvrir des pourparlers confidentiels. A la suite de longues négociations, il fut convenu que l'entrevue aurait lieu à Bayonne[1]. Catherine de Médicis accompagnerait Charles IX; Élisabeth de France et le duc d'Albe représenteraient Philippe II, qui se prétendait retenu par des raisons d'État. Cette conférence diplomatique devait rester secrète et serait

---

[1]. « Je me vante, dit Brantôme, que je fus le premier qui portay à la royne mère l'envie que la royne Elisabeth avoit de venir en France et la veoir, dont elle m'en fist très-bonne chère alors et depuis. » (Brantôme, *Dames illustres. — De la royne d'Espagne Élisabeth de France*, p. 189.)

officiellement présentée aux divers cabinets comme une simple visite de famille.

Ce projet ne tarda point à se réaliser. Le mercredi 13 juin 1565, d'après le récit d'Abel Jouan, sommelier de Charles IX[1], le roi et la reine mère, accompagnés d'une suite nombreuse, partirent de Saint-Jean-de-Luz. Catherine franchit la Bidassoa, limite des deux royaumes, et s'avança au-devant d'Élisabeth de France sur la route d'Irun. La reine d'Espagne « se prosterna à suffire pour baiser le genou à sa mère, ce qui ne luy fust permis par cette Majesté, ains fust incontinent relevée, et après s'estre entre-baisées par trois fois diverses, se prirent toutes deux à pleurer si tendrement et espandre tant de larmes qu'en arrivant au bord de deça de ladicte rivière, elles n'avoient point encore les yeux bien séchés ».

1. Bibliothèque nationale, Mss. 500 Colbert, n° 140, p. 154 à 171.

Le roi partit le vendredi 15 pour Bayonne, où les reines le rejoignirent le soir même.

La reine d'Espagne Élisabeth de France fit une entrée solennelle dans cette ville, escortée d'un cortége magnifique. Les magistrats vinrent en corps lui offrir les clefs de la cité, et, suivant une antique et vraiment royale coutume, les portes des cachots s'ouvrirent à la voix de la princesse, à qui le roi cédait en ce jour sa prérogative souveraine d'accorder leur grâce aux prisonniers. La Reine montait une haquenée dont les harnais et le caparaçon étaient ornés de perles d'un grand prix[1]. « Elle avoit très-belle grâce à cheval, dit Brantôme, et la y faisoit beau voir, car elle se monstroit si belle et si agréable que tout le monde en estoit ravy. Nous eusmes tous commandement d'aller au-devant

---

[1]. Ils avaient appartenu à l'impératrice d'Allemagne, et on les évaluait alors à 100 000 écus.

d'elle, pour l'accompagner en son entrée, ainsy que nostre debvoir nous le commandoit, et nous en sceust fort bon gré et nous fist cet honneur, lorsque nous luy fismes tous la révérence, de nous en remercier, et me fist bonne chère par dessus tous, car il n'y avoit pas quatre moys que je l'avois laissée en Espaigne... Elle se monstra aussy familière aux dames et filles de la cour ny plus ny moins comme quand elle estoit fille, et, de celles qui estoient absentes et mariées et nouvellement venues depuis son partement, s'en enqueroit fort curieusement. Elle en faisoit de mesme aux gentilshommes et de ceux qui là estoient s'informoit qui ils estoient et disoit souvent : « Ceux-là et celles-là estoient de mon temps à la cour ; je les connois bien ; ceux-là n'y estoient point, je désire les connoistre. » Enfin elle contentoit tout le monde.

Le séjour de cette princesse à Bayonne

fut signalé par des fêtes splendides. Marguerite de Valois[1] nous prêtera le concours de sa plume fine et spirituelle, pour retracer l'aspect du ballet rustique inventé par Catherine de Médicis, et dansé dans l'île d'Aiguemeau devant les cours de France et d'Espagne. « Je m'asseure, écrit-elle à Brantôme, que vous n'oublierez de représenter le festin superbe de la royne ma mère en l'isle (d'Aiguemeau), avec le ballet et la forme de la salle qu'il sembloit que la nature l'eust appropriée à cet effect, ayant cerné, dans le milieu de l'isle, un grand pré ou ovale de bois de haute fustaye, où la royne ma mère disposa tout à l'entour de grandes niches, et dans chacune une table ronde à douze personnes; la table de leurs Majestez seulement s'eslevoit au bout de la salle sur un haut dais de quatre degrez de gazon, toutes

---

1. Elle était âgée de onze ans en 1565.

ces tables servies par trouppes de diverses bergères habillées de toille d'or et de satin diversement, selon les habits divers de toutes les provinces de France. Lesquelles bergères, à la descente des magnifiques batteaux sur lesquels, venant de Bayonne à cette isle, l'on fust tousjours accompagné de la musique de plusieurs dieux marins chantans et récitant des vers autour du batteau de leurs Majestez, s'estoient trouvé chaque trouppe en un pré à part, à deux costez d'une grande allée de pelouse, dressée pour aller à la susdicte salle, chaque trouppe dansant à la façon de son païs, les Poitevines avec la cornemuse, les Bourguignonnes et Champenoises avec le petit haut-boys, le dessus de violon et tambourins de village, les Bretonnes dansans leurs passe-pieds et branles-gais, et ainsy de toutes les autres provinces. Après le service desquelles, le festin finy, l'on veit, avec une grande trouppe de Satyres musiciens, entrer ce grand rocher lumineux mais plus esclairé des beautez et pierreries des nymphes qui faisoient dessus leur entrée que des artificielles lumières; lesquelles, descendans, viendrent danser ce beau ballet, duquel la fortune envieuse ne pouvant supporter la gloire, feit orager une si grande pluye et tempeste que la confusion de la retraicte qu'il fallaict faire la nuict, par batteaux, apporta le lendemain autant de bons contes pour rire que ce magnifique appareil de festin avoit apporté de contentement[1]. »

Le lendemain du jour où fut exécuté ce divertissement champêtre, Catherine de Médicis voulut, par un heureux contraste, donner aux seigneurs et aux dames de la cour d'Espagne le spectacle d'un tournoi renouvelé des anciens

[1]. *Mémoires* de Marguerite de Valois, édition Janet, p. 9 et 10.

pas d'armes de la vieille chevalerie. Les seigneurs admis à prendre part aux luttes courtoises du carrousel étaient divisés en deux camps : *les Chevaliers de la vertu ou de la Grand'Bretagne*, qui avaient pour parrain et pour chef le roi Charles IX ; et *les Chevaliers de l'amour céleste ou des Hirlandois*, commandés par Henri, duc d'Anjou. La tribune royale était tendue d'une merveilleuse suite de tapisseries jadis tissées en Flandre pour François Ier, et représentant des sujets tirés de la vie de Scipion[1],

1. Ces tapisseries furent tirées du garde-meuble royal par Mazarin, qui s'en servit pour décorer son palais. A sa mort, elles firent retour à la couronne, avec tout le mobilier que le cardinal avait légué au roi. Poncet de la Grave en parle en ces termes dans ses *Mémoires intéressant l'Histoire de France*. (Paris, 1789.) « François Ier voulant meubler son château de Boulogne (Madrid) avec une magnificence vraiment royale, il paya jusqu'à 22 000 écus une tapisserie en soie et or, représentant le triomphe de Scipion... qui doit encore se trouver parmi les meubles de la couronne. » Germain Brice nous apprend que ces

d'après des cartons dessinés par Jules Romain. « Elle cousta, dit Brantôme, 22 000 escus de ce temps-là, qui estoit beaucoup; aujourd'huy, on ne l'auroit pas pour 50 000 escus, comme j'ay ouy dire, car elle est toute relevée d'or et de soye. C'est la mieulx historiée et les grands personnages les mieulx faicts qu'on sauroit voir. A l'entrevue de Bayonne, les seigneurs et dames d'Espagne l'admiroient fort et n'en avoient veu de telles en leur royaume. Aussi était-ce un chef-d'œuvre de Flandres présenté au roy plus tost par le maistre qu'à l'empereur, ayant ouy parler de la libéralité, curiosité et magnificence de ce grand roy, et qu'il en tireroit bien davantage de luy que de l'empereur, son souverain. Quant à moy, je puis

---

tapisseries se divisaient en dix-sept pièces et mesuraient 222 aunes. Les cartons de Jules Romain furent longtemps conservés dans la collection du banquier Jabach.

dire que c'est la plus belle tapisserie que j'ay jamais veue, et sy, j'en ay bien veu parmi le monde[1]. »

La *Déesse de la vertu héroïque*, montée sur un char superbe, s'arrêta devant la tribune où se tenaient les reines et les princesses, et récita des vers à la louange de Charles IX, pendant que les Muses apportaient à Élisabeth et aux dames de sa suite les gages du roi et de ses chevaliers[2].

« La Señora Ribera, écrit le P. Hilarion de Coste, reçut le présent de la troisième Muse, de la part de Fronon

---

1. Brantôme, *Hommes illustres et grands capitaines françois. — François I*ᵉʳ.
2. « A l'arrivée des Polonois à Paris, dit Brantôme, toutes les dames, représentant les seize provinces, vindrent à présenter au roy, à la royne, au roy de Pologne, à Monsieur, son frère, au roy et à la royne de Navarre et autres grands et de France et de Pologne, chacun à chacune, *une plaque toute d'or, grande comme la paulme de la main, bien esmaillée et gentilment enouvrée où estoient gravés les fruicts et singularitez de*

de Synaette, qui estoit le comte de Charny. La Señora Vineuf, celui de la première, de la part de Sofron de Métrie, qui estoit M. de Tournon. La Señora Maddalena Gyron, celuy de la cinquième, de la part d'Elenter d'Eufrate, qui estoit M. de Danville. La Señora Arne, celuy de la sixième, de la part de Mégalin de Lambre, qui estoit le duc de Guise. L'Amour céleste, en son char, s'estant arresté dans le camp de leurs Majestez et ayant récité des vers, les neuf Amours allèrent offrir aux dames les présents des chevaliers amoureux. La Señora Phonisba reçeut le

chaque province en quoy elle estoit plus fertile, comme la Provence, les citrons et les oranges ; la Champagne, les bleds ; en la Bourgogne, des vins ; en la Guyenne, des gens de guerre (grand honneur, certes, pour la Guyenne) et ainsy consécutivement de toutes les autres provinces. A Bayonne, tels et quasi semblables présents se firent en un combat qui s'y fist. » (Brantôme, *Dames illustres. — Catherine de Médicis.* p. 81. 82.)

présent du troisième Amour, de la part de Panurgin de Strophée, qui estoit le Rheingraf. La Señora Santanac, celuy du cinquième, de la part de Danapavin d'Aoste, qui estoit le seigneur de Carnavalet. La Señora Livia, celui du septième, de la part de Mélisse d'Aresce, qui estoit le duc de Nemours; quant à Marguerite de Valois, François de Bourbon, dauphin d'Auvergne, qui, depuis, a été duc de Montpensier, sous le nom de Charion d'Eumène, le neuvième et dernier chevalier de la troupe des chevaliers amoureux, luy présenta une médaille dans laquelle il y avoit un *Cupido*, qui tenoit de la main droite un nid plein de trois oiseaux, à chacun desquels la mère donnoit une égale becquée, et de la gauche un arc, portant sur le dos son carquois plein de flèches, et ce mot latin, *æquus amor*, qui veut dire l'amour égal ou équitable, animoit la devise[1], »

1. *Éloges des Dames illustres*, par le R. P.

allusion délicate à l'amour de Catherine de Médicis pour ses enfants. Brantôme nous apprend qu'à leur tour les dames envoyèrent ensuite des gages aux chevaliers. « Et notez, ajoute-t-il, que toutes ces inventions ne venoient d'autre boutique ny d'autre esprit que de la royne mère, car elle y estoit maîtresse et *fort inventrice en toutes choses*..... Elle inventoit tousjours quelque nouvelle danse ou quelques beaux ballets quand elle voyoit le mauvais temps. Elle inventoit aussi des jeux et y passoit son temps avec les uns et avec les autres, estant fort privée mais aussi fort grave et austère quand il falloit[1]. »

Les flots de l'Adour étaient sillonnés par toutes les divinités des eaux qui venaient tour à tour chanter en vers les

---

Hilarion de Coste. *Catherine de Médicis*, t. Ier, p. 223.

1. Brantôme, *Dames illustres*. — *Catherine de Médicis*, p. 79, 82 et 83.

louanges de Catherine de Médicis et d'Elisabeth de France. La poésie n'avait point en effet été oubliée parmi les enchantements de Bayonne. « La royne mère, écrit le P. Hilarion de Coste, voulust avoir à sa suitte, durant tout le voyage et l'entrevue de Bayonne, Ronsard, que le président de Thou appelle le plus excellent poëte qui ayt esté depuis le temps de l'empereur Auguste, *afin que, par ses vers, il fist honneur à la France*[1]. »

Le grand poëte ne faillit point à la haute et glorieuse mission qui lui était confiée ; l'entrevue de Bayonne lui ins-

---

1. « Charles Neufviesme, écrit également Claude Binet, print Ronsard en telle amitié, admirant l'excellence de son divin esprit, qu'il luy commanda de le suivre partout et ne le point abandonner, luy faisant marquer logis en sa maison, tesmoin ce voiage de Bayonne en l'avant-venue d'Élizabeth de France, royne d'Espagne, où il le voulust avoir toujours auprès de luy. » (*Vie de P. de Ronsard* par Claude Binet, p. 140.)

pira des stances charmantes dont nous ne citerons que ce fragment :

. . . .
Parmi les champs croissent les fleurs descloses,
Car telle veue est digne du printemps ;
Entre les lys, les œillets et les roses,
Elle doit estre, et non en autre temps :
Comme les fleurs croissent en nos provinces,
Ainsy croistra l'amitié de ces princes.

Un astre heureux, ô royne te fist naistre
Car seulement tu n'es mère d'un roy
Qui des François tient le sceptre en la dextre,
Et d'un grand duc qui promet tant de soy,
Mais tu es seule, entre tant de princesses,
Mère de roys, de roynes et duchesses.

Par les chemins où passeront les Dames
Naistront les fleurs, et les ruisseaux prendront
Le goust du miel ; les odeurs et les basmes
Et les parfums, par les champs s'espandront ;
Dessous leurs pieds la campagne arrosée
S'éjouira de manne et de rosée,

Le vent tiendra son haleine endormie,
Vulcain ès mains n'aura point de marteaux ;
Tant seulement avec Flore s'amie
Zéphire ira parmi les prés nouveaux,
Tout sera plein de joye et d'allégresse
A l'arriver d'une telle princesse.
La charité et l'amour maternelle
Se desfieront d'un combat généreux

La mère ayant ses enfants autour d'elle
Et les enfants leur mère à l'entour d'eux ;
C'est la passion qui si fort nous enflamme
Qu'on ne peut dire et qu'on sent dedans l'âme [1].

Le luxe et la magnificence déployés par la reine mère à Bayonne trouvèrent des censeurs. On reprocha à Catherine de Médicis d'avoir follement dépensé les ressources du pays dans un temps où elles pouvaient, d'un moment à l'autre, devenir nécessaires à la défense du territoire.

Brantôme n'est point de cet avis. « Je scay, dit-il, que plusieurs blasmèrent enfin cette dépense superflüe par trop ; mais la royne disoit qu'elle le faisoit pour monstrer à l'estranger que la France n'estoit si totalement rüynée et pauvre à cause des guerres passées qu'il l'estimoit, et que, puisque pour tels esbats on sçavait dépendre [2], que, pour

---

1. *Œuvres* de Ronsard, t. IV, p. 137 et suivantes. *Stances à chanter sur la lyre pour l'avant-venüe de la royne d'Espagne à Bayonne.*
2. Dépenser.

les conséquences et importances, on le sauroit encore mieux faire et que d'autant plus la France en seroit mieux estimée et redoutée, tant pour en voir ses biens et richesses que pour voir tant de gentilhommes si braves et si adroits aux armes, ainsi que certes il s'y en trouva là beaucoup, et qu'il fit très-bon voir et dignes d'être admirez. Davantage il estoit bien raisonnable que, pour la plus grande royne de la chrestienté, la plus belle, la plus honneste et la meilleure, on fist quelque solennelle feste par-dessus les autres; et vous asseure que si elle ne se fust faicte, l'estranger se fust fort mocqué de nous et s'en fust retourné en son opinion de nous tenir tous, en France, pour des grands gueux. Ce n'est donc pas sans bonne et juste considération que cette sage princesse et advisée royne fist cette despense... Elle avoit cela que, quelques magnificences qui se fissent, la sienne passoit toutes les autres. Aussy disoit-on qu'il *n'y avait que la royne mère pour quelque chose de beau*, et si telles despenses coustoient, aussy donnoient-elles du plaisir. *Elle disoit en cela souvent qu'elle vouloit imiter les empereurs romains qui s'estudioient d'exhiber des jeux au peuple* et luy donner du plaisir à l'amuser autant en cela, sans l'amuser à mal faire [1]. »

Catherine de Médicis, qui avait su discerner avec une rare perspicacité le goût passionné du peuple français pour le fêtes publiques, espérait, en le favorisant, apporter une diversion efficace à ses habitudes de révolte et de rébellion. Appliquant au gouvernement de l'Etat des maximes tirées de l'histoire ancienne, souvenirs des études classiques de sa jeunesse, elle cherchait à emprunter aux

[1]. Brantôme, *Dames illustres*. — *Catherine de Médicis*, p. 79.

Césars le secret de leur popularité. Nous verrons bientôt la reine mère puiser d'autres enseignements dans les annales de la France.

La splendeur des fêtes données par Catherine à la reine d'Espagne n'avait point fait perdre de vue au duc d'Albe le but qui avait motivé son voyage en France à la suite d'Elisabeth. Il entra aussitôt en rapport avec les principaux seigneurs de l'entourage du roi et de la reine mère. Le cardinal de Guise lui témoigna de vives sympathies. Le duc de Montpensier se jeta dans ses bras en s'écriant que « si on lui ouvrait le cœur on y trouverait gravé le nom de Philippe II ». Blaise de Montluc, séduit par les flatteries intéressées du duc d'Albe, promit de lui envoyer un mémoire sur l'état du pays. Selon lui, la modération et la mesure à l'égard des réformés avait tout perdu. « Il n'y aurait point, disait-il, pour un seul déjeuner avec la canaille, si les gens de bien voulaient se réunir[1]. »

Le jour même de sa présentation à Charles IX auquel il apportait le collier de la Toison d'or, d'Albe aborda brusquement la question politique. Il déclara au jeune prince que Dieu l'avait réservé pour accomplir une grande œuvre, en châtiant sur les rebelles les offenses faites chaque jour à la royauté dans ses États. « Oh ! pour reprendre les armes, s'écria Charles IX, il n'y faut plus songer ! Je n'ai point envie de ruiner mon royaume, ainsi qu'on avait commencé à le faire en s'engageant dans les guerres précédentes[2]. » Ce premier échec ne devait pas décourager le diplomate espagnol.

Les conférences de Bayonne forment

---

1. *Lettres du duc d'Albe à Philippe II pendant l'entrevue de Bayonne.* — *Papiers d'État* de Granvelle, 9 volumes in-4°. (*Collection des documents inédits relatifs à l'Histoire de France*, t. IX, p. 281 à 330.)
2. *Idem.*

une série d'entretiens confidentiels que nous nous contenterons de résumer ici en quelques mots. Catherine de Médicis, mise en demeure de défendre les actes et les tendances du gouvernement français, retraça avec éloquence les diverses phases des guerres civiles qui avaient imposé à l'État de nouveaux devoirs. Elle énuméra les résultats importants dus à une ligne de conduite sage et prudente, s'attachant à faire ressortir tous les avantages qu'offrait aux deux puissances le maintien de la paix. L'habileté diplomatique et le talent de parole dont la reine mère fit preuve dans cette conjoncture étonna profondément le duc d'Albe. « *Elle déploya,* écrit-il à Philippe II, *dans la manière d'aborder son sujet, plus de tact et de circonspection que je n'en ai jamais rencontré chez personne en aucune circonstance*[1]. »

---

1. *Lettres* du duc d'Albe. — (*Papiers d'État* de Granvelle.)

Élisabeth de France voulut d'abord répondre elle-même à sa mère; elle s'éleva avec énergie contre les protestations de Catherine, et soutint la cause de la politique à outrance de Philippe II avec une ardeur qui fit dire à la reine mère, non sans amertume, « qu'elle était devenue toute Espagnole ». Le duc d'Albe combattit successivement, à son tour, les conclusions du discours de Catherine de Médicis. « Charles IX, s'écria-t-il, ne sera jamais maître chez lui qu'après avoir éteint cette mauvaise secte[1]. » « Un prince, ajoutait-il, ne peut faire chose plus honteuse, ni plus dommageable pour lui-même, que de permettre aux peuples de vivre selon leur conscience. Il faut, avant tout, avec des remèdes sévères, et sans *épargner le fer ou le feu*, extirper ce mal jusqu'à la racine, car la douceur et le support ne

---

1. « *Echar esta mala sesia*. »

servent qu'à l'accroître. Si la reine manquait à un si juste devoir, disait-il enfin, Sa Majesté Catholique a résolu de sacrifier tous ses biens, sa vie même, pour arrêter le cours d'une peste qu'elle regarde comme menaçant également la France et l'Espagne[1]. » Emporté par son zèle pour les intérêts de Philippe II, le duc osa même accuser directement Catherine d'indifférence en matière de foi. « La reine mère, écrit-il à son maître, s'est montrée visiblement émue, non point à cause de la remarque, mais parce qu'il lui semblait peut-être que je m'oubliais à son égard[2]. »

D'Albe ne se borna point à attaquer les opinions religieuses de Catherine de Médicis. Il joignit ses instances à celles d'Élisabeth, pour réclamer hautement

---

1. *Lettres* du duc d'Albe. *Papiers d'État* de Granvelle.
2. *Idem*.

l'exil du chancelier de L'Hospital, le retrait de toutes les concessions accordées aux réformés par les édits de tolérance, et le châtiment des rebelles.

La reine mère montra, dans sa réponse, une inébranlable fermeté. Refusant de consentir à l'éloignement d'un ministre dont elle appréciait les services, elle déclara qu'elle était résolue à persévérer dans l'œuvre de pacification du royaume par des moyens légaux : « elle ajoutait que le catholicisme, en France, n'avait rien perdu à la liberté des huguenots, que la paix profitait à la vérité; et c'était, disait-elle, dans l'intérêt de l'Église comme dans celui de l'État qu'elle refusait de la rompre[1]. »

Il est donc acquis à l'histoire que Catherine de Médicis opposa alors une résistance invincible aux suggestions de

---

1. *Les Luttes religieuses en France au* XVIe *siècle,* par M. le vicomte de Meaux, p. 101.

sa fille et du duc d'Albe qui lui offraient le concours des armes de Philippe II, en vue d'accomplir une Saint-Barthélemy anticipée [1]. Mais l'œuvre d'apaise-

---

[1]. La plupart des historiens ont toujours professé cette opinion, que la découverte, par M. Weiss, de la correspondance du duc d'Albe avec Philippe II pendant l'entrevue de Bayonne, est venue confirmer de nos jours. On lit dans l'*Histoire d'Espagne*, de M. Rosseeuw-Saint-Hilaire : « On a souvent répété que le plan de la Saint-Barthélemy avait été arrêté dans ces conférences de Bayonne. Mais on sait maintenant, à n'en pas douter, par les lettres du duc d'Albe, qu'on ne put obtenir de Catherine aucun engagement formel. » Dans un mémoire présenté à l'Académie des sciences morales et politiques, le 3 août 1881 par Henri Martin, et intitulé : *l'Entrevue de Bayonne de 1565 d'après les archives de Simancas*, M. Combes, professeur de Faculté, à Bordeaux, se fonde sur la découverte de six dépêches écrites du 5 février au 24 août 1565, pour combattre l'opinion qui a prévalu jusqu'à ce jour. Parmi ces documents, M. Combes cite une lettre, où le cardinal Pacheco assure qu'on a « persuadé la reine mère »; divers passages des lettres de ce prélat, de don Francis d'Alava et de Philippe II, le portent à affirmer que Catherine de Médicis avait fini par s'entendre avec les Espagnols. Ces conclusions n'ont pas été admises par l'Académie. Tout en reconnaissant l'intérêt

ment et de conciliation que la reine mère avait poursuivie en suggérant l'idée de l'entrevue de Bayonne n'était point accomplie. La cour d'Espagne avait rejeté les projets de mariage formés par Catherine pour les Enfants de France; cette princesse s'était vue obligée de défendre les actes de sa régence contre le duc d'Albe et contre sa propre fille, qui s'étaient constitués ses accusateurs et ses juges.

La reine mère avait toujours eu pour principe de céder à la violence, tout en se réservant de ressaisir à force d'habileté les avantages que la nécessité lui avait fait perdre : elle ne devait pas négliger, cette fois encore, de recourir à

présenté par la communication de M. Combes, MM. Picot, Zeller et Henri Martin ont déclaré que les pièces nouvelles n'apportaient point de preuves suffisantes pour modifier l'opinion généralement reçue sur l'attitude de la reine mère à l'entrevue de Bayonne. (Voy. le *Compte rendu de l'Académie des sciences morales et politiques*, séance du 3 août 1881.)

ce moyen détourné afin d'assurer le succès de ses desseins. Catherine de Médicis ne voulait point s'avouer vaincue ; la défaite qu'elle venait de subir ne la décourageait pas : la cause politique qu'elle soutenait avait été perdue en première instance, mais elle comptait la voir triompher en dernier ressort. C'est à Philippe II lui-même qu'elle résolut d'en déférer l'appel.

On se souvient que le roi d'Espagne, déclinant les ouvertures que l'ambassadeur de France était chargé de lui faire au nom de son gouvernement, avait déjà formellement refusé de franchir la frontière. Il s'agissait donc d'imaginer un stratagème assez efficace pour faire revenir le prince sur sa décision antérieure. La reine mère qui « *estoit fort inventrice en toutes choses* », crut l'avoir trouvé. Avant de se séparer, dit M. Paulin Paris, les deux reines s'étaient rendues ensemble à Cauterets. C'est ce moment que choisit Catherine pour tenter de prendre sa revanche[1].

Le souvenir de la correspondance rimée de Louise de Savoie avec François Ier et Marguerite de Navarre, souvent feuilletée par la reine mère à la bibliothèque de Fontainebleau, lui fit concevoir une pensée qu'elle se proposa de mettre sans délai à exécution. Sous prétexte de satisfaire son affection maternelle et son goût pour la poésie, elle résolut d'adresser à Philippe II une *Épître* dans le but de la décider à

1. Dans l'ouvrage intitulé *les Manuscrits de la Bibliothèque du Roi* par M. Paulin Paris, on lit, t. VII, p. 87 : « Catherine décrit les eaux de Cauterets où elle se trouvait alors avec sa fille, et à la p. 87, au mot *Cauterets* : « Description en vers de ses eaux par Catherine de Médicis. » Mais à quelle date du séjour en France de la reine d'Espagne doit se placer cette excursion ? Les auteurs de l'*Itinéraire des Rois de France*, du *Recueil et discours du voyage du Roy Charles IX* et de l'*ample discours de l'arrivée de la Royne d'Espagne Sainct Jehan de Luz*, sont tous trois d'un laconisme évidemment obligé, sur les faits et gestes des deux cours pendant cette période.

passer la frontière. Si le prince consentait à venir en France, Catherine de Médicis se flattait de l'amener facilement à entrer dans ses vues.

Le ton de la lettre en vers adressée par Catherine au roi d'Espagne ne ressemble nullement à celui de ses dépêches officielles; elle apporte autant de soin à ne rien négliger pour arriver au résultat qu'elle se propose d'atteindre, mais les moyens employés sont d'un ordre bien différent. La reine mère, qui ne paraît occupée que de la pensée de donner à son gendre la meilleure impression de ses sentiments, se sert d'un mode tout spécial d'argumentation : elle affecte de ne parler que de la tendresse qu'elle porte à ses enfants et du regret qu'elle éprouve d'être séparée d'eux. Catherine de Médicis ne veut être ici que *mère de famille*, et ce point de vue spécial sous lequel elle se montre, est, on en pourra juger, aussi nouveau que précieux pour l'histoire. « La royne mère, dit Brantôme, a toujours esté si prudente jusques-là qu'elle a voulu tousjours entretenir le roy d'Espagne comme son beau gendre, afin qu'il en traitast mieux sa belle et bonne fille, comme est la coustume des bonnes mères, *aussy afin qu'il ne nous vint troubler la France et faire la guerre*[1]. »

Avant de soumettre au lecteur le texte des Epîtres de la reine mère, nous croyons opportun d'exposer les raisons sur lesquelles se fonde son authenticité.

Les poésies de Catherine de Médicis sont insérées dans un manuscrit de 93 feuillets, de format in-folio *parvo*, portant le n° 883 du Fonds français de la Bibliothèque nationale, et contenant de nombreuses pièces de vers composées et copiées pendant le cours du XVI° siè-

---

[1]. Brantôme. *Dames illustres.* — *Catherine de Médicis*, p. 73.

clé. Sur le recto de la première page, on lit cette devise, inscrite au-dessus d'un monogramme :

> Le Seigneur dans sa bonté
> Me conserve en prospérité.

Le recueil commence par un ballet de Jehan de la Maisonneufve portant pour titre : « *Loüanges du roy Charles Neufviesme de se nom. Les quatre hélémans* » (*sic*).

Parmi des sonnets, des stances et des dizains écrits sur des sujets fort différents, on rencontre aux pages 30, 32, 33, 35 et 36, cinq *Épîtres* en vers français, adressées par Catherine de Médicis, à Philippe II et à sa fille Élisabeth de France, épouse de ce prince. M. A. Paulin Paris ne doute point de l'authenticité de ces précieux documents historiques. « Je pense, dit-il en parlant des lettres en vers que contient le recueil, que ces épîtres sont les fruits de l'oisiveté des princesses de la maison de

France *pendant les premières années du règne de Charles IX*. La poésie en est lâche et mal châtiée. Il paraît que ces dames, comme cela s'est pratiqué entre Louise de Savoie, Marguerite de Navarre et François I*er*, se divertissaient à rimer leurs lettres et *c'est à ce goût que nous devons, dans ce volume, plusieurs épîtres de Catherine de Médicis*[1]. » Le style de ces Épitres est, en effet, souvent empreint du goût précieux et affecté qui régnait à la cour des derniers Valois. Malgré ce défaut et malgré une inexpérience évidente en matière de rhythme et de prosodie, ces lettres en

---

[1] Voy. *Les Manuscrits de la Bibliothèque du Roi*, par M. A. Paulin Paris, 7 vol. in-8°. Paris, 1848; t. VII, p. 87 et 88. M. Paris décrit ainsi le volume portant le n° 885 du Fonds français : « *Poésies de Catherine de Médicis, d'Élisabeth de France, reine d'Espagne, etc., in-folio parvo, papier de 93 feuillets, lignes longues, seizième siècle. Anc. bibl. Mazarine, Ste-Palaye not. 598.* » Après avoir, dans le texte de l'ouvrage, déclaré, ainsi que nous venons de le citer, que l'authenticité des épîtres de la reine

vers n'en offrent pas moins un extrême intérêt. On y découvre parfois de grandes pensées exprimées avec une vigueur ou avec une grâce qui trahissent un esprit d'une trempe peu commune. M. Paulin Paris fait précéder la première des épîtres de la reine mère du titre et de l'appréciation sommaire suivants : « *Épître de Catherine de Médicis au roi d'Espagne.* Philippe II avait épousé en juin 1559 Élisabeth de France qui mourut à la suite de couches à Madrid le 3 octobre 1568. » Voici le texte de l'Épître de la reine mère à ce prince :

---

mère lui semblait certaine, l'auteur répète encore cette affirmation à la *Table*, p. 467; on y lit, en effet, ces renvois aux divers passages qui concernent cette princesse : « *Médicis* (Catherine de) élégies et sonnets *pour elle*, p. 41 et 85; *ses poésies*, p. 87 et suivantes. » On voit par cette distinction, combien le savant érudit est persuadé que les cinq lettres en vers, copiées sur les pages 30 à 36 du manuscrit en question, ont été composés *par* Catherine de Médicis.

I

LA ROYNE AU ROY D'ESPAGNE [1].

Les monts très haults haussent nostre désir
De vous y veoir, pour avoir le plaisir
De contempler ceste grande machine
Où l'on cognoist la puissance divine
Voyre et l'ouvrier, par l'ouvrage admirable,
Jugeroit veoir d'estre loüable.
La profondeur de cette eaue, qui destruict
Terre et rochers, et mène si grand bruict
Qu'à la souffrir défaillent nos oreilles,
Déclare assez que ce Dieu des merveilles
N'a son pareil au ciel ny à la terre.
En sa main grande il enclot et enserre
Ce monde rond et tout ce qu'il contient;
Il a tout faict, tout gouverne et maintient.
Chose n'y a tendante à la haulteur
Dont Il ne soit le Dieu et Créateur;
Chose n'y a si petite et si basse,
Dont Créateur il ne soit, par sa grâce.
Par Luy, pour Luy et en Luy tout est faict,
Bref, ce Dieu-là est un ouvrier parfaict.
Il est bien vray qu'en ce lieu nous apprend,
En regardant son ouvrage si grand,
De sa haulteur indicible loüer
Et pour seul Dieu Tout-Puissant l'advoüer;
Et en voyant la grande profondeur

1. Voy. *Les Manuscrits de la Bibliothèque du Roi*, par A. Paulin Paris, 7 vol. in-8°. Paris, 1848, t. VII, p. 87, f° 30 du mss. n° 885, fonds français, *Épître de Catherine de Médicis au roi d'Espagne.*

Du *Gavre*¹ à-bas², cognoistre la laydeur
De nostre enfer et de nostre péché,
Qui tient le cueur³ si très-bas attaché
Que, si la main qui tout faict et tout forme,
Par son pouvoir nostre cueur ne réforme,
Il perd l'Espoir, indélectable⁴ mont.
Mais la Bonté qui, jusques au parfond⁵
D'enfer le veoit, l'en peult seule retyrer.
A cette main vous fault tousjours tyrer,
En ferme foy que de sa créature
Aura pitié, cognoissant sa nature.
Voylà, mon fils, la contemplation
Du *Cauteretz*, ce jour d'assention
Où nous voyons la divine Haultesse
Par ces haults monts, et de nous la bassesse.
En regardant le *Gavre* à-bas courir,
Puis la Bonté, prompte à nous secourir,
Voyons aux baings où l'on trouve santé,
Et où l'on veoit malades à planté⁶,
En espérant que bien tost l'*extrémade*
S'y trouvera comme femme malade,
Où pour mieulx dire, en fera plus de cent
Souffrir douleur par son œil transperçant⁷.

1. *Gavre*, gave, torrent.
2. *A-bas*, en bas.
3. *Cueur*, cœur.
4. *Indélectable*, dont il ne peut plus savourer les délices.
5. *Au parfond*, au plus profond.
6. *A planté*, en quantité, vieille locution française.
7. Nous devons avouer qu'il nous a été impossible de trouver un sens satisfaisant à ces quatre vers dont nous avons fait néanmoins constater

C'est de ce lieu ce que je vous puys dire
Où sans cesser, vous souhaitte et désire ;
Mais vostre femme en doibt avoir l'office [1],
Car elle n'a plaisir ny exercice
Que de parler ou escrire de vous :
C'est le mestier qu'elle faict, devant tous
Et en secret, et si, n'y a montaigne
Qu'entretenir elle de vous se faigne [2],
Dedans les baings ne trouve guérison ;
Cette eaue ne peult estaindre le tyson
De son amour, qu'elle dict raisonnable,
Tant que j'auroys son absence agréable
Pour le grand bien qu'elle aura de vous veoir.
Si elle vous ayme, elle fait son debvoir,
Et je m'accorde à son heureuse allée [3] ;

l'exactitude graphique par les philologues les plus compétents. Le mot *extrémade* n'a été rencontré par nous dans aucun lexique ; Henri Estienne ne le signale point dans ses *Dialogues du langage françois italianizé*. Doit-on y voir une forme du mot *Estrémadure* défiguré ou mal copié, par lequel on désignait alors la province d'Estramadure, et Catherine, prenant la partie pour le tout, a-t-elle voulu parler ici de l'Espagne ? Cette interprétation n'apporterait d'ailleurs aucune lumière au sens inexpliqué des trois autres vers. En espagnol *extremado* signifie « excès du bien ou du mal, *lo que es sumamente bueno o malo en su genero*. » Nous laisserons à de plus habiles le soin de trouver le mot de l'énigme.

1. *L'office*, le bénéfice.
2. *Se faigne*, se lasse.
3. *Allée*, retour.

En vous voyant, demourra consolée,
Car rien que vous ne la peult secourir.
De jour en jour nous la voyons périr,
Qui, du départ m'a faict croistre l'envye,
Puisque, sans vous, mon fils, elle est sans vye.
Soyez luy donc vye et contantement
Tant que l'amour soit si égallement
En vos deux cueurs, pour jamais n'en partir.
Qu'un seul vouloir, un penser, un partir
Soit en vous deux, sans séparation :
En cela gist ma consolation.
Et puis, Amour, en vos cueurs triomphant
Par le doulx fruict d'un beau petit enfant,
Vous consolant, tous nous consolera ;
Dont à mon Dieu ma bouche parlera
En chant playsant, immortelle loüange,
Et ma tristesse en plaisir fera change.
Doncques, mon fils, *que j'ayme si très-fort
Que plus ne puys*[1], au moins avant ma mort
Avecques moy suppliez ce bon Dieu
Que mère-grand' par vous soye en ce lieu[2].

1. Dans l'*Inventaire des meubles de Catherine de Médicis*, on trouve au n° 312 « *ung petit portraict du roy d'Espaigne taillé en cristal de roche,* » et au n° 669 « *ung portraict peint sur toille du roi d'Espaigne à présent régnant avec son chássis* ».
2. Élisabeth de France eut deux filles. L'aînée, née le 1ᵉʳ août 1566, fut l'infante Isabelle-Claire-Eugénie, que les ligueurs voulaient marier au duc de Guise et élever au trône de France ; elle épousa l'archiduc Albert d'Autriche et mourut en 1633. La seconde, Catherine-Françoise, épousa Charles-Emmanuel, duc de Savoie.

Les instances de Catherine de Médicis demeurèrent vaines. Philippe II ne se rendit point à son invitation. Il trouvait sans doute plus aisé de faire connaître ses intentions par un mandataire, auquel il avait ordonné de ne céder sur aucun point, que de conserver lui-même son attitude de réserve impénétrable auprès d'une femme déjà célèbre, dans l'Europe entière, par les ressources infinies d'un esprit aussi adroit qu'insinuant.

Le délai fixé pour le séjour d'Élisabeth de Valois en France touchant à son terme, Charles IX et la reine mère accompagnèrent la jeune reine jusqu'à la Bidassoa, prirent congé d'elle et, longeant le littoral, rentrèrent en Gascogne, salués dans leur retraite par les canons de Fontarabie[1].

Catherine de Médicis emportait de

1. *Histoire d'Élisabeth de Valois* par M. le marquis Du Prat, p. 193.

son séjour à Bayonne un vif et profond sentiment d'amertume. Ses plans avaient été déjoués par Philippe II ; loin d'avoir effacé ou atténué leurs griefs réciproques, les deux cabinets avaient pu, sans conserver aucune illusion, mesurer l'abîme qui séparait leurs politiques. Entre l'absolutisme fanatique du roi d'Espagne et les principes de tolérance parfois excessive dont le chancelier de L'Hospital s'était fait le représentant le plus autorisé, toute base d'entente sérieuse et durable avait été reconnue impossible. La France, gouvernée nominalement par un enfant de quinze ans et de fait par une femme étrangère, allait donc se trouver bientôt réduite à opter entre ces deux terribles éventualités : ou la guerre, si redoutable pour une nation divisée et ruinée par les dissensions civiles, ou l'effacement honteux du jeune prince devant l'ingérence arbitraire de Philippe II, qui conduisait fatalement à l'abdication de la maison de Valois et à l'asservissement du pays.

La gravité de la situation ne faisait cependant pas perdre de vue à Catherine de Médicis l'urgente nécessité de rétablir aussitôt des rapports officieux avec la cour d'Espagne. Les sentiments de famille, les liens si étroits du sang, qu'une mère est toujours en droit d'invoquer lorsqu'elle s'adresse à sa fille, formaient désormais le seul terrain sur lequel cette princesse pouvait se placer au lendemain d'un désaccord assez sérieux entre les gouvernements français et espagnol pour menacer de compromettre, dans un avenir prochain, le maintien de leurs relations officielles.

Catherine de Médicis avait pris goût à ce genre de composition poétique épistolaire dont le tour familier lui permettait, en faisant valoir les ressources de son esprit, de dérober, sous le voile d'un spirituel badinage, les préoccupations politiques qui l'obsédaient. La langue française, qu'elle était arrivée à parler avec une remarquable facilité[1], avait d'ailleurs pour elle un charme tout particulier.

Le sujet de l'épître adressée par la reine mère à sa fille était beaucoup plus favorable à l'inspiration que celui de sa première lettre en vers à Philippe II. Le ton de l'élégie se trouvait indiqué et justifié cette fois par les déchirements que son cœur maternel avait ressentis en se séparant d'Élisabeth de France Cédant au vif attrait qu'elle avait toujours éprouvé pour l'invention littéraire, Catherine de Médicis évoque les souvenirs classiques de ses études au couvent

[1]. Tous les auteurs contemporains l'attestent. La prononciation et l'orthographe de Catherine étaient seules restées défectueuses; cette princesse ne l'ignorait pas et confiait ses épîtres à un copiste chargé d'atténuer les incorrections de ces manuscrits dont, malheureusement, les originaux ne sont point parvenus jusqu'à nous.

des *Murate*, qui peuvent lui venir en aide dans la tâche qu'elle s'est imposée; elle pèse, choisit avec soin les mots qui semblent les plus justes et les plus doux à son oreille italienne, si sensible à l'harmonie et à la cadence des vers; elle cherche à s'assimiler ou à imiter les divers passages des historiens et des poëtes anciens ou modernes dont sa mémoire lui retrace les beautés.

Habituée par la raison d'État à revêtir sa pensée d'une forme étudiée, destinée à en cacher le fond, la princesse arrive, sans beaucoup de peine, à s'approprier le style hyperbolique, adopté par les auteurs du temps[1]. Cette préoccupation donne néanmoins à sa phrase

---

1. Elle se souvenait du précepte de Ronsard qui, dans son *Art poétique*, chapitre *des alexandrins*, fait cette recommandation au poëte : « Tu les feras donc les plus parfaitz que tu pourras *et ne te contenteras point, comme la plus grande part de ceux de nostre temps, qui pensent, comme j'ai dit, avoir accomply je ne sçay quoy de grand quand ils ont rymé de la prose en vers.* »

une allure emphatique et quelque peu contrainte qui nuit parfois à la clarté du sens. Heureusement le naturel reprend souvent ses droits et s'incarne dans des vers tranchants et ciselés qui nous font apprécier la véritable personnalité littéraire de Catherine de Médicis. Nous n'en citerons qu'un exemple tiré de sa première épître à Élisabeth de France. La reine mère voit d'abord dans le trouble des éléments une marque de sympathie de la nature qui veut s'associer à son chagrin ; puis, faisant un retour soudain sur elle-même, Catherine donne un libre cours à ses larmes et s'écrie :

..... De tous maulx le pleurer est le moindre,
Et le plus grand : celuy que l'on veult faindre.
Le pleur faict mal au cueur joyeulx et sain,
Mais au dolent, il est quasi du pain !

Ce cri de douleur comprimée, dont la simplicité d'expression contribue encore à accroître la sombre énergie, nous révèle tout à coup les qualités de style les plus remarquables. Ceci n'est point de la prose rimée, c'est une pensée vraie, sentie et traduite avec un réel talent de poëte ; mais il faut lire la pièce d'un bout à l'autre, afin de pouvoir porter sur l'ensemble un jugement solide.

II

LA ROYNE A MADAME « ISABEL, RAINE DESPAGNE [1] ».

Pour nostre adieu, non dict[2] mais bien senty,
Le ciel ne s'est à pleurer consenty,
Car, en voyant la couverte[3] doulleur,
Il a couvert la pluye de chaleur,

---

1. « Ces derniers mots, dit M. Paulin Paris, *sont de la propre main de Catherine de Médicis.* » (V. *Les Manuscrits de la Bibliothèque du Roi*, t. VII, p. 87). Le mot « *fin* » tracé après le dernier vers de l'épître commençant ainsi « *Si vostre tant regretté despartir* », et que M. Pâris n'avait pas mentionnné, est assurément tracé de la même main. Si l'on procède à un examen graphique minutieux on trouvera quelque différence entre l'écriture habituelle de la reine mère et celle dont nous venons de citer deux spécimens ; mais si les

2. *Non dict*, aucune des deux princesses n'ayant voulu prononcer ce mot cruel.
3. *Couverte,* cachée.

Ne s'esmouvant à pleurer ne pleuvoir
Tant que sans pleurs nos cueurs il a peu veoir.
Mais maintenant que l'œil perd son objet
Qui le rendoit à pleurer non subgect[1],
Le cueur, qui n'a la consolation
De ce regard plain de dilection[2],
Par grand regret s'est prins à s'estonner
Tant qu'il a faict esclairer et tonner,

g de Catherine de Médicis sont généralement assez différents de l'unique type de cette lettre que nous voyons sous nos yeux dans le mot « *despagne* », les *e* dont notre modèle nous offre de plus nombreux exemplaires semblent absolument formés par la main de Catherine; on objectera peut-être aussi que l'orthographe du mot *Raine* diffère de celle dont usait habituellement la reine mère qui écrivait le plus souvent « *Royne* ». Mais qui ne sait qu'au milieu du XVIe siècle l'orthographe du même mot variait parfois d'une ligne à l'autre? Catherine de Médicis se piquait moins que personne de constance dans sa manière si fantaisiste et si irrègulière de traduire sa pensée en langue française. L'impression qui ressort d'un examen qu'un document aussi restreint rend naturellement assez imparfait, c'est que les trois mots écrits en tête de cette épitre sont d'une écriture du temps qui offre avec celle de la reine mère une analogie assez satisfaisante pour motiver pleinement le jugement affirmatif d'un érudit aussi autorisé, d'un paléographe aussi exercé que l'était M. Paulin Paris.

1. *Subgect*, sujet, disposé à pleurer.
2. *Dilection*, affection.

Le ciel monstrant l'apostume crevée
Qui me rendoit à la porter grefvée[1].
A mes haults crys s'accorde le tonnerre ;
Par mes souppirs le vent faict partout guerre,
Et ma complaincte et lamentation
Contrainct la gresle à faire esmotion[2].
Le mal qui moings me tourmente et ennuye
C'est le pleurer, qui faict venir la pluye,
Car, de tous maulx le pleurer est le moindre,
Et le plus grand : celuy que l'on veult faindre.
Le pleur faict mal au cueur joyeulx et sain,
Mais au dolent, il est quasi du pain ;
Car, si le mal par le pleur n'est allégé,
A tout le moings il en est soulagé.
Or a le ciel faict déclaration
De la couverte et juste passion
Que j'aye sentie à ce département[3],
Dont, vous voyant, je n'avoys sentiment.
Mais maintenant que je ne vous veoy plus,
M'en vays à Dieu, luy dire le surplus,
Vous supplyant qu'Il vous soyt Tout-en-tout,
Comme vous sent en soy par chacun bout.

Élisabeth de Valois écrivit bientôt à sa mère une lettre que nous mettrons plus loin sous les yeux du lecteur, et par laquelle elle lui exprimait ses regrets ainsi que l'espérance qu'elle conservait de la

1. *Grefvée*, triste.
2. *Esmotion*, irruption.
3. *Département*, départ, séparation.

revoir. Catherine de Médicis, dans une nouvelle épître, lui déclare que sa seule consolation sera désormais de songer au jour où elles pourront de nouveau se réunir. Nous remarquerons spécialement le passage suivant, où elle s'attache à retracer le contre-coup qu'elle ressent ou des chagrins ou du bonheur de sa fille :

..... Vostre mal je sens
Et vostre bien aussy me resjouit
Tant que mon cueur du mal et bien jouit
Que vous portez de moy dedans le vostre[1] ! »

Signalons encore ces jolis vers sur la vie de famille qu'elle eût souhaité, dit-elle, de pouvoir mener un jour auprès de ses enfants :

..... Vos cueurs, je les tiens tant unys
Par vraye amour et de vertus garniz
Que ce n'est qu'ung ; et avecques ces deux
Le mien loger à tout jamais je veulx,
Non pour garder l'un de l'autre approcher,
Mais leur servir d'un lien ferme et cher.

---

1. Mme de Sévigné exprimera plus tard la même pensée, lorsqu'elle écrira, à Mme de Grignan, cette phrase restée célèbre : « *Ma fille, j'ai mal à votre poitrine !* »

III

LA ROYNE A MADAME.

Vostre première escripture[1] par moy leue
M'a faict quitter la part qu'avois esleue
De fortement porter l'adieu sans larmes.
Mais escoutant vos véritables termes[2]
Desquels Amour est fidelle tesmoing,
Voyant l'ennuy, le regret et le soing
Que vous portez de ce département[3],
Ayant de vous, non de moy sentiment,
Vostre deuil, pleurs et vostre ennuy me fasche,
Vostre regret, regrette en toute place,
Car vous sçavez que celle qui n'est rien
Ne peult en soy sentir ne mal ne bien.
Mais en venant en vous, je me consens
De confesser que vostre mal je sens,
Et vostre bien aussi me resjouit
Tant, que mon cueur du mal et bien jouit
Que vous portez de moy dedans le vostre!
Or ne passez, ma fille, donc plus oultre ;
Contentez-vous que le ciel, par pleuvoir,
Tonner, gresler, a faict nostre ennuy veoir.
Et, ceste nuict, la terre a fort tremblé,
Voyant tel mal dessus elle assemblé,

---

1. Pour *épistre;* c'est sans doute encore une erreur du copiste, qui s'inquiète peu du nombre de pieds du vers.

2. *Vos véritables termes,* vos sincères protestations d'affection filiale.

3. *Ce département,* ce départ.

Comme disant : « Je n'en puis plus porter[1] ! »
Mais aujourd'huy, pour me réconforter,
M'avez escript une si bonne épistre
Voyant l'espoir que commencez à tiltre[2]
De me reveoir, que je croy que la toylle
Vous munira bien tost de forte voyle
Pour, en ce lieu, vous faire retourner
Ou moy à vous incontinent mener.
Cet espoir-là, exposé fermement,
A essuyé mes yeulx joyeusement
Et de mon cueur a chassé la tristesse
En me faisant de vous reveoir promesse.
Ainsy vivray en espoir très-contante,
Mais que soyez venue à vostre attante,
C'est de reveoir celuy qu'aimer debvez,
Ce que bien faire, à mon gré, vous sçavez :
Et aussy tost que vostre œil et son œil
S'assembleront, je n'auray plus de deuil,
Car, de vos cueurs, je les tiens tant unys
Par vraye amour et de vertu garniz
Que ce n'est qu'ung ; et avecques ces deux
Le mien loger à tout jamais je veulx,
Non pour garder l'un de l'autre approcher,
Mais leur servir d'un lien ferme et cher.
Si sçay-je bien ma force n'estre telle
Que puisse Amour rendre perpétuelle,

1. Singulier rapprochement. Ces mots : « Je n'en puis plus ! » que la reine mère met ici dans la bouche de la terre, furent les derniers prononcés par Catherine, en sortant de chez le cardinal de Bourbon, avant de se coucher sur le lit de douleur d'où elle ne devait plus se lever.

2. *A tiltre*, à juste titre.

N'y y aider à la mettre ou parfaire,
Par quoy me fault supplication faire
Au Tout-Puissant, qui est la vraye Amour,
En vos deux cueurs faire à jamais séjour.
Alors sera le mien d'ennuy délivré
Pour avecques[1] vous en Luy à jamais vivre.

Loin de paraître conserver le moindre souvenir des discussions et des reproches réciproques qui avaient parfois altéré les rapports des deux princesses pendant les conférences de Bayonne, Catherine de Médicis semble ne pouvoir se distraire un moment de la tristesse causée par l'absence de sa fille. Dans la lettre qui suit celle que nous venons de lire, elle s'accuse même d'accroître les regrets de la reine d'Espagne en retraçant ses angoisses maternelles. La péroraison de cette épître mérite une mention spéciale. Catherine supplie le Tout-Puissant de protéger Elisabeth de France, et répète à la jeune reine, en se

1. Nouvelle erreur du copiste qui aurait dû au moins écrire *avec* et non *avecques*.

l'appropriant, un mot célèbre de Blanche de Castille à saint Louis : la reine mère affirme qu'elle préférerait voir mourir sa fille que d'apprendre qu'elle s'est écartée des principes de la vertu chrétienne.

Ce trait montre d'abord Catherine de Médicis cherchant dans la lecture de l'histoire de France[1] des consolations pour les épreuves du présent et des leçons pour l'avenir. Il apporte en même temps un précieux témoignage de l'authenticité des poésies de la reine mère, dont la date même se trouve ainsi confirmée. Nous savons, en effet, par l'ambassadeur vénitien Correr, qu'en 1565

---

1. Ronsard nous apprend par les vers suivants que la reine mère se livrait assez fréquemment à ce genre d'études, qui offrait pour elle un attrait tout spécial :

Vous, royne, dont l'esprit prend plaisir, quelquefois,
De lire et d'escouter l'histoire des François.

(*Œuvres de Ronsard*, t. VII, p. 10. *Discours des misères de ce temps à la royne mère du roy.*)

Catherine, passant par Carcassonne avant d'arriver à Bayonne, lut avec un extrême intérêt un vieux manuscrit dont il ne nomme point l'auteur, et qui, dit-il, contenait l'histoire des troubles du royaume à l'époque de la minorité de saint Louis, sous la régence de Blanche de Castille.

La reine avait été si frappée de l'analogie de sa situation avec celle de la mère du saint roi, que, quatre ans plus tard, elle ne put s'empêcher d'en entretenir le diplomate. Correr a laissé le récit suivant de son audience :

« Elle me disait un jour, écrit-il, que si ses malheurs fussent arrivés à elle seule parmi toutes les reines de France, elle se croirait la femme du monde la plus malheureuse ; mais elle se consolait en se rappelant que toujours, pendant la minorité des rois, les grands remuent pour s'emparer des affaires, car ils ne peuvent souffrir d'être commandés par un autre que leur roi naturel. Elle ajoutait avoir lu à Carcassonne, *en venant à Bayonne*, une chronique manuscrite où il était dit comment la mère du roi saint Louis, demeurée veuve avec un fils qui n'avait pas plus de onze ans, rencontra aussitôt l'opposition des grands du royaume, qui se soulevèrent afin de n'être pas gouvernés par une femme et surtout par une femme étrangère. Ceux-ci, pour réussir plus facilement dans leurs desseins, s'unirent avec les hérétiques Albigeois lesquels, comme les huguenots, ne voulaient pas de prêtres, ni d'églises, ni d'autres choses semblables. Ils appelèrent à leur aide le roi d'Aragon, et il fut nécessaire d'en venir aux mains. Il plut à Dieu de donner la victoire au roi saint Louis. Toulouse, l'asile des rebelles, fut démantelée; enfin, à la persuasion de la reine, on fit la paix et plusieurs de leurs demandes furent accordées aux rebelles. Mais avec le temps, et d'après les conseils de la même reine, le roi, devenu grand, accabla ses ennemis de la vengeance qu'ils s'étaient attirée. Sa Majesté, en me racontant ces deux choses, les appliquait aux affaires d'aujourd'hui; elle se voyait étrangère, sans personne de confiance, avec un enfant de onze à douze ans, ayant contre elle les grands, soulevés sous prétexte de religion mais pour des causes uniquement politiques, et soutenus par la reine d'Angleterre et les Allemands. On était entré en campagne, Orléans avait été pris et démantelé comme Toulouse; la paix avait été faite d'après ses conseils, et cette paix était avantageuse pour les huguenots. Mais elle espérait reprendre, avec le temps, les avantages que les armes ne pouvaient pas lui donner sans une grande effusion de sang. Sur cela, je lui dis : « Madame, Vostre Majesté doit éprouver une grande consolation dans son cœur, puisque les choses présentes étant comme un miroir des choses anciennes, vous pouvez bien être sûre que la fin aussi ne sera pas dissemblable. » Alors elle se mit à rire beaucoup, ainsi qu'elle le fait toujours lorsqu'elle entend quelque chose qui lui est agréable, et elle me répondit : « Je ne voudrais pas que personne sût jamais que j'ai lu cette chronique, car on dirait que je me conduis d'après l'exemple de cette dame et reine qui s'appelait Blanche, et était fille d'un roi de Castille [1]. »

IV

LA ROYNE A MADAME.

Si vostre tant regretté despartir[2]
S'est faict de moy à force consentir,
Me remonstrant le grand plaisir qu'avoir
Vous espérois de vostre mary veoir,
Tant qu'en pensant vostre consentement,
De mon ennuy couvrois le sentiment.

1. Recueil Tommaseo, *Relazione* di Giovanni Correr.
2. *Despartir*, départ.

Puis je pensois qu'avec vous vostre père [1]
Peust achever ce voyage prospère.
Mais maintenant que le contraire veoy
Et que je suis sans vous et vous sans moy
Vous sans mary[2] sans père ne sans guide,
Je ne veoy plus ne raison ny cuyde [3]
Qui engarder m'y puisse de me plaindre,
Car vraye amour ne se sçait pas bien feindre.
Hélas! mais quoy, à qui ne à quelle oreille
Puis-je monstrer ma douleur non pareille?
Si c'est à un qui forte amour ignore,
Ma vraye amour ne luy diray encore ;
Si c'est à un qui ait amour petite,
Ma vraye amour d'entendre il ne mérite.
Donc, n'y trouvant nulle autre amour esgalle,
Fors seulement la vostre filialle,
Je ne me puis garder de vous escrire ;
Mon purgatoire est trop cruel martyre.
O sotte main! O amour par trop folle!
Las! faut-il qu'ainsy ta fille tu consoles?
Diminuant ta forte passion
Donner lui veulx la désolation
Que tu luy dois, de ton pouvoir, oster?
Vault-il pas mieulx toute seulle gouster

1. Ce mot ne peut être qu'une faute du copiste qui aurait dû écrire *frère* et non *père*, ainsi qu'il le fait à trois reprises dans le cours de cette épître, Henri II étant mort en 1559, avant le départ d'Elisabeth de France pour l'Espagne.
2. Élisabeth ne devait rejoindre son époux qu'à Madrid.
3. *Ny cuide,* et je n'en imagine pas.

L'amer morceau de ceste départie
Que luy laisser si très dure partie [1] ?
Sçais-tu pas bien que, si son mal augmente,
Tu en seras doublement mal contante ?
Sçais-tu pas bien qu'en accroissant son deuil
Tu en feras cent fois pleurer ton œil,
Et, qui pis est, vos larmes ne vos crys
Vos petits mots ne vos dolents escripts
Ne feront pas que la fortune change
Ne que, par pleurs, à vos vouloirs se range.
Vous ne ferez seulement qu'engravir [2]
Le deuil au cueur et le corps trop gémir.
Las ! il est vray ! Il faut que je confesse
Que rien ne sert cette nostre tristesse
Que d'offenser Celuy seul qui tout peult
Et qui, pour nous, mieulx que nous-mesmes veult.
En le voyant, fault essuyer nos larmes
Et fault cesser dolens et tristes termes [3],
En confessant que tout ce qu'Il nous donne
Il est très-bien, puisque tout seul l'ordonne.
Si nous a-Il commandé le prier
Et ne deffend devant luy le cryer ;
Doncques que pour vous, ma fille, je le prie,
Et du proffond de moy, à luy crye
Le suplyant vous estre mère et père
Mary, amy et qu'en un temps prospère,
Veuille changer cestuy, remply d'ennuys,
Et en clair jour tourner nos noires nuicts,
En apportant à mes yeux la lumière
Et le plaisir de ma joye première

1. *Partie,* part.
2. *Engravir,* aggraver.
3. *Termes,* mots.

Par qui j'acquis le nom de mère heureuse
En me donnant fille très-vertueuse :
Telle vous veulx, ou plustot vous veulx morte
Que de vous voir nommée d'autre sorte[1] !

1. « Il recordoit, dit Joinville en parlant de saint Louis, que sa mère li avoit fait aucune foiz à entendre *que elle ameroit miex que il feust mort que ce que il feist un péchié mortel.* » (*Histoire et Chronicque du Très-chrestien Roy Sainct Louis*, édition de M. Francisque Michel. Paris, 1858, Didot in-12, p. 23.) Ce rapprochement est des plus importants pour l'histoire des Epîtres de Catherine de Médicis. On ne saurait douter en effet que la reine mère, se souvenant de la Chronique qu'elle vient de lire à Carcassonne, n'ait voulu ici s'approprier le mot fameux de la Reine Blanche qui lui inspirait tant de sympathie. Joinville ne parle pas de la prise de Toulouse; on serait donc porté à conclure que ce n'est pas de son Histoire qu'il s'agit, cependant le mot de la Reine Blanche et l'origine de la révolte des barons se suivant immédiatement dans Joinville, n'est-il pas vraisemblable que c'est son ouvrage auquel Catherine fait allusion, en ajoutant aux détails qu'il donne, ceux qu'elle a recueillis ailleurs et que lui suggère sa merveilleuse mémoire, dans son entretien avec l'ambassadeur vénitien? Nous laisserons au lecteur le soin de se prononcer sur cette hypothèse en plaçant sous les yeux le passage de Joinville dans son intégrité. « *Il recordoit que sa mère li avait fait aucune foiz à entendre que elle ameroit miex que il feust mort que ce que il feist un péchié mortel.* Bien li fu mestier que il eust en sa

Or vivez donc, et Vertu vive en vous

joenesse l'aide de Dieu, car sa mère, qui estoit venue de Espaigne, n'avoit ne parens ne amis en tout le royaume de France. *Et pour ce que les barons de France virent le roy enfant et la royne sa mère femme estrange* (étrangère), firent-ils du conte de Bouloingne, qui estoit oncle le roy, leur chievetain (chef) et le tenoient aussi comme pour seigneur. Après ce que le roy fu couronné, il y en ot des barons qui requistrent à la royne granz terres que elle leur donnast, et pour ce qu'elle n'en voult riens faire, si s'assemblèrent touz les barons à Corbeil. Et me conta le saint roy que il ne sa mère, qui estoient à Montlhéri, ne osèrent revenir à Paris jusques à tant que ceulz de Paris les vindrent querre à armes. Et me conta que, dès Montlhéry, estoit le chemin plein de gens à armes et sanz armes jusques à Paris, et que touz crioient à Nostre-Seigneur que il li donnast bone vie et longue et le deffendist et gardast de ses ennemis. Et Dieu si fist, si comme vous orrez ci-après. A ce parlement, que les barons firent à Corbeil, si comme l'en dit, establirent les barons qui là furent que le bon chevalier le conte Pierre de Bretaigne se releveroit (se révolterait) contre le roy; et accordèrent encore que leur cors iroient au mandement que le roy feroit contre le conte, et chascun n'auroit avec li que deux chevaliers. Et ce firent-ils, pour veoir si le conte de Bretaigne pourroit fouler (braver) la royne, *qui estrange femme estoit, si comme vous avez oy; et moult de gent dient que le conte eust foulé la royne et le roy se Dieu n'eust aidié au roy à cel besoing qui*

Et en vous deulx vive le Tout-en-tous[1],
Qui, près et loing, heureuse vous tiendra
Quand, de luy seul, tout bon nous deviendra.
Je le requiers, de par son Crucifix !
Qu'avec ma fille il rameyne mon fils[2]
Et que tous deulx, en santé, plains de joye,
Avant mourir de mes deux yeux revoye !

L'épître que nous donnerons en dernier lieu est assurément, selon nous, la plus personnelle, la plus intéressante des œuvres poétiques de Catherine de Médicis. Le fond du sujet est aussi peu varié que celui des lettres de Mme de Sévigné : il s'agit toujours de la séparation de la reine mère et de sa fille. Mais,

oncques ne li failli. L'aide que Dieu li fist fu telle que le conte Tybaut de Champaigne, qui puis fu roy de Navarre, vint servir le roy à tout (avec) troiz cent chevaliers, et par l'aide que le conte fist au roy, convint venir le conte de Bretaigne à la mercy le roy : dont il laissa au roy, par paix faisant, la contée de Ango (d'Anjou), si comme l'en dit, et la contée du Perche. » (*Histoire et Chronicque du très-chrestien roy sainct Louis*, édition de M. Francisque Michel. Paris, in-12, Didot, 1858, p. 23 et 24.)

1. Le Tout-Puissant, Dieu.
2. Philippe II.

en comparant cette pièce de vers aux premières lettres rimées de cette princesse, on constate un progrès très-remarquable. L'obscurité et la diffusion ont fait place à un tour aisé, à une délicatesse d'expression toute féminine, qui accusent chez l'auteur ce don rare et précieux : l'instinct de la forme littéraire.

Catherine suppose qu'elle vient de céder au sommeil, lorsque soudain le Dieu de l'amour maternel, troublant son repos, l'oblige, malgré la fatigue qui l'accable, à exaucer le vœu le plus cher de sa fille en lui adressant de ses nouvelles. La reine se lève, se rend de sa chambre à coucher dans son cabinet de travail, prend ce qui lui est nécessaire pour écrire et se recueille un moment avant de commencer sa lettre. Tout à coup un murmure s'élève, semblable à un gémissement. Sont-ce les soupirs de la brise du soir dans le feuillage ? Catherine de Médicis ouvre la fenêtre, détache son *couvre-chef* pour mieux entendre, et se rend compte enfin des sons étranges et mystérieux qui frappent son oreille. C'est le chœur des voix plaintives de la nature ; les fleurs des parterres, les arbres du rivage, s'unissent aux nymphes des eaux pour pleurer le départ de cette fille de France qui faisait naguère leur joie et leur orgueil. Ce chant de douleur rappelle à la reine mère le souvenir de son bonheur disparu ; elle regagne ses appartements[1] en dévorant ses larmes et prête

---

1. D'après les détails que donne Catherine de Médicis dans son épître, il y a lieu de penser que la scène se passe dans ses appartements du château de Blois, où la cour résida quelque temps au commencement de décembre 1565 au retour du voyage du midi. « Un courrier de l'ambassadeur d'Espaigne, écrit M. de Fourquevaulx à Catherine, parti de Blois le 14º (décembre) arriva jeudy dernier en cette ville, lequel a dict que Vos Majestés sont deslogées promptement dudict Blois pour aller à Molins. » (Correspondance de M. de Fourquevaulx, Bibliothèque nationale Mss. F. fr.

à succomber sous le poids de sa tristesse :

V

LA ROYNE A MADAME.

Cuydant[1], au soir, en repoz sommeiller,
Amour me vint en colère esveiller,
Disant : « Escripts et prend la plume en main
Sans t'excuser n'y attendre à demain.
Prendre ne peult ta fille en patience
Cette trop longue et fascheuse (sic) silence. »
Je respondis, quasi tout en dormant :
« J'ay tant escript[2] que je n'ay argument
Pour bien escrire, » et il me respond : « Ne cesse
Jusques à ce que la pouvre[3] princesse
Soit joincte au bien que tant elle désire ;
Alors ta main reposera d'escrire.
Mais, jusques là, ta fille n'abandonne,
Et, par escript, quelque plaisir lui donne. »

10751, p. 112.) Les admirables boiseries du cabinet de travail de Catherine de Médicis à Blois ont été conservées.

1. *Cuydant*, pensant.
2. On se souvient que Brantôme déclare avoir vu Catherine de Médicis écrire « *vingt pures lettres et longues en une après-disnée* ».
3. *Pouvre*, pauvre ; on reconnaît ici l'accent italien de Catherine, trop souvent corrigé par le copiste.

Je me levay, estant de luy pressée,
Du papier prins, et ma plume ay dressée,
Et, en l'allée, auprès de ma fenestre
Me pourmenay, pour plus à mon ayse estre.
Puys, je m'assis et me prins à penser
Par quel endroict je pourrois commencer.
J'attendis peu que j'ouys un grand bruict
D'un vent sortant et de feuille et de fruict[1],
Qui doulcement portoit à mon oreille
Un son piteux qui me donna merveille[2].
Je me tournay et de çà et de là,
Pour mieux sçavoir le lieu d'où vient cela,
Mais je ne veis, arbres, branches ny feuilles
Qui doulcement d'un accord ne se deuillent;
Et, à leur son, les petites fontaines[3]
Ont respondu, comme esgales en peynes;
Avecques eulx la voix de la ryvière
Unie estoit, par si doulce manière

1. *De fruict*, le feuillage et les fruicts des arbres fruitiers plantés dans les jardins du palais. La scène se passe-t-elle au Louvre, et s'agit-il ici des *jardins du roy et de la royne*, qui s'étendaient entre les fossés et les salles du rez-de-chaussée habitées par Catherine de Médicis? Nous ne le pensons pas. La cour, en revenant de Gascogne, s'arrêta quelque temps à Blois, puis repartit pour Moulins. La reine mère et le roi ne rentrèrent à Paris qu'au commencement de l'année 1566, après une absence de deux années.

2. *Qui me donna merueille*, qui m'étonna.

3. *Les petites fontaines*, les sources ou les fontaines ménagées pour l'agrément des jardins royaux.

·Que j'oyois¹ bien leur amoureuse voix,
Mais un seul mot entendre ne sçaurois.
Mon *couvre-chef*² je prins à destacher
Et mon oreille ouvrir et aprocher.
Là j'entendis un mot piteux et bas,
Toutes les voix en ung disant : « Hélas!
« Hélas! Hélas! or l'avons-nous perdue!
« Las! dessus nous ne tourne plus sa veue
« Ceste Beauté, qui nous embellissoit,
« Ceste Vertu, qui nous réjouissoit,
« Ceste Douceur adoulcissant nos fruicts,
« Or sommes nous, sans elle, tous destruicts! »
Si je sentis, de telle créature³,
Ung tel « *Hélas!* » croyez que ma nature
Ne peult⁴ souffrir d'ouyir le demourant⁵,
Mais m'en revint en ma chambre, courant,
Avecques eulx cryant : « Hélas! mon Dieu!
Ramène tost, en ce désolé lieu!
Celle que tant œil et lèvre regrette
Et que reveoir incessamment souhaitte! »

1. *J'oyois,* je percevais les sons sans discerner les mots.
2. L'ambassadeur vénitien Lippomano parle en ces termes de la coiffure et du *couvre-chef* de la reine mère : « Veste in abito vedovile, con i veli negri giù per le spalle che pero non calano nella fronte, e, come esce fuori, porta sempre un capello di lana per di sopra. »
3. *De telle créature,* des choses inanimées elles-mêmes.
4. *Ne peult,* ne put.
5. *Le demourant,* encore une intonation italienne, *demourant* pour *demeurant,* le reste.

Ici se terminent les épîtres de la reine mère. Afin de compléter l'idée qu'on peut se former de la correspondance en vers de Catherine de Médicis avec la reine d'Espagne, nous croyons devoir y joindre les deux réponses également en vers adressées par Élisabeth de France à sa mère. Bien que les lettres de cette princesse soient empreintes d'une certaine grâce qui n'est pas dépourvue de charme, on sent l'expression de ses idées entravée par les exigences d'une rigoureuse étiquette qui en arrête l'expansion. Sous cette enveloppe de tendresse étudiée se trahissent la contrainte et l'effroi, et l'on ne peut s'empêcher de songer à ce passage de Brantôme :

« Elle ne recevoit jamais lettres de la royne sa mère qu'elle ne tremblast et ne fut en alarmes qu'elle ne se courrouçast contre elle et luy dict quelque parole fascheuse... elle la craignoit tant qu'elle avoit cette appréhension[1]. »

I

MADAME A LA ROYNE[2].

Mes yeulx, craignant trop de larmes espandre,
Ont bien ozé sur ma bouche entreprendre

---

1. Brantôme, *Dames illustres*. — *De la royne d'Espagne, Élisabeth de France.*
2. M. le marquis du Prat, qui a presque intégralement reproduit cette épître dans son *Histoire d'Élisabeth de Valois* (p. 78, 79), a cru qu'elle avait été écrité par la jeune reine en 1559, dès qu'elle eut quitté la France pour se rendre à Madrid auprès de Philippe II. Les détails que nous transmet Palma Cayet sur la tristesse et sur les inquiétudes enfantines de cette princesse alors âgée de quatorze ans suffiraient déjà pour révoquer en doute cette assertion. Le mot de *père* substitué à celui de *frère* par suite d'une erreur du copiste, ainsi que nous l'avons fait observer plus haut, a vraisemblablement porté M. du Prat à penser que ce document devait remonter à l'époque du mariage d'Élisabeth. Mais lorsqu'elle quitta la reine mère et François II à Poitiers, en décembre 1559, Henri II était déjà mort depuis six mois. Les derniers vers de l'épître d'Élisabeth,

> Et jouyrez de mon parfaict désir
> D'ensemble veoir *père*, mère et mary,

se trouveraient donc entièrement dénués de sens. Le passage ou la reine parle de :

Luy défendant le parler et l'adieu,
Se despartant de tant regretté lieu.
Mais maintenant que l'œil est appaisé,
Asseurez vous estre fort malaysé
Garder les mains à mon cueur satisfaire,
Lequel ne peult de ce mal se deffaire
Sans un adieu et pitoyable harangue,
Là où la main me servira de langue
Pour déclarer la douleur trop amère
Que sent la fille à l'adieu de la mère,
Perdant du tout de parler la puissance
Tant empesché par trop grand' habondance
Des pleurs touts prêts dehors des yeux sortir,
A quoy, hélas ! je n'osay consentir,
Craignant de vous la désolation
Disant l'adieu de séparation.
Or vous supplye avoir pour agréable
Que cest adieu, à longue importable,
Vous puissiez lire et non pas escouter.
O dur morceau, malaysé à gouster

. . . . . l'agréable plaisance
Et le plaisir de *reveoir* un mary,

prouve incontestablement qu'elle n'écrit point en
1559 ; elle n'eut point alors parlé en ces termes
d'un prince qu'il ne s'agissait point de *revoir*,
mais de voir pour la première fois et dont l'aspect
lui causa tant de frayeur. Élisabeth, après
l'entrevue de Bayonne, désirait, au contraire,
ardemment rejoindre un époux qu'elle chérissait,
et ce désir est affirmé par l'épître de Catherine
de Médicis à Philippe II.

A vous et moy, car amour maternelle
Qui, sans finir, me sera éternelle
Ne peult ce mot du tout *adieu* souffrir !
Je ne vous peulx, Madame, rien offrir :
Je suis à vous et en vostre puissance;
Asseurez vous que ceste obéissance
Que je vous doibs, si bien observeray
Que mon debvoir en cela je feray,
Vous suplyant très-humblement, Madame,
Pour la santé de mon corps et mon âme,
M'entretenir en vostre bonne grâce,
Car, m'asseurant y avoir bonne place,
Malheur ne mal je ne puis recepvoir
Sinon celluy que j'ay pour ne vous veoir.
Or entendez, Madame, un grand tourment
Que j'ay senty en ce département,
Car deulx amours qui ne me furent qu'une
Je sens en deulx, dont l'une m'importune
En me voulant présenter patience,
Me remettant l'agréable plaisance
Et le plaisir de reveoir un mary;
Mais quoy, mon cueur encores trop marry
Ne la veult point avoir ne recevoir,
Car cette amour de naturel debvoir
Je sens si fort, que, si l'autre j'accepte,
Aulcunes foys, soubdain je la rejecte.
Tantôt je sens mon œil plorer puys rire,
Mais la fin est toujours dure martyre
Qui durera, sans prendre fin ne cesse,
Jusques à tant que je reprenne adresse
Pour retourner vers vous en diligence.
Lors, oblyant la trop fascheuse absence,
Je recepvray la joye et le plaisir
Et jouiray de mon parfaict désir

D'ensemble veoir père[1], mère et mary :
Lors cessera mon cueur d'estre marry.
Donc, attendant ceste heureuse journée,
Je languiray, de mal environnée,
Ayant toujours de vous reveoir envye,
Supplyant Dieu vous conserver la vie.

II

MADAME A LA ROYNE[2].

A ce matin, Madame, j'ay receue
En grand plaisir vostre épistre, et bien leue,
Mais, me faisant souvenir de l'*Adieu*,
A tous ennuictz, certes, j'ay donné lieu,
Et si le ciel retarda de pleuveoir
Pour ne me veoir aux yeux la larme avoir,
Je vous diray pourquoi cela advint :
C'est qu'en l'*Adieu*, d'un *Dieu-gard*[3], me souvint
Qui ressera mes pleurs ; mais nonobstant,
N'effaça, en mon cueur malcontant,
Le dur ennuy, qui à présent me tourmente.
Et entendez que, vous trouvant absente
Hier au soir, je me mis à me plaindre.

1. Toujours la même faute du copiste ; on doit lire non pas *père*, mais *frère*.
2. Cette épître répond à celle de Catherine qui commence par ces mots : « *Vostre première escripture par moy leue.* »
3. *Dieu-gard'*, Dieu vous garde ! exclamation de bienvenue qu'on avait coutume d'échanger en se revoyant, et par conséquent opposé à l'*adieu* qu'on disait en se séparant.

Lors Dieu voulust astres et ciel contraindre
Pour desclarer mon mal dur à porter.
Le vent cueillit pour vous les transporter,
Les haults soupirs de mon deuil importable.
Voilà comment j'eus le ciel favorable
Ayant voullu le vent prompt et léger
En me servant vous estre messager,
Faisant ouyr mes plaincts à vostre oreille
Où me contrainct ma douleur nompareille.
Or craignant trop que ma longue escripture
Vous feist sentir de nouveau la poincture
De vostre ennuy, si fort à supporter,
Je prie à Dieu, qui vous peult conforter,
Me faire veoir vostre centiesme année.
En attendant ceste heureuse journée
Que[1] le *Dieu-gard'* me fera autant ryre
Que cest *Adieu* me causè de martyre,
Je vous supplye estre de moy contante
Et me tenir la plus obéissante
Fille qui fust et qui jamais sera,
Tant qu'en ce corps l'âme demeurera.

Les vœux exprimés par Catherine de Médicis et par Élisabeth de Valois ne devaient point se réaliser. Trois ans après l'entrevue de Bayonne, le 3 octobre 1568, la jeune reine expirait à l'âge de vingt-trois ans, et sa dépouille mortelle, revêtue de l'habit des Cla-

---

1. *Que,* où.

risses, était inhumée à Madrid, dans l'église du monastère de ces religieuses.

La fin prématurée de cette princesse a donné lieu à des commentaires très-divers. Écoutons d'abord Brantôme :

« La royne, dit-il, fit une très-belle fin, et d'un courage fort constant, abandonnant ce monde et désirant fort l'autre. *On parle fort sinistrement de sa mort pour avoir esté advancée...* On dict qu'un Jésuite, fort homme de bien, un jour, en son sermon, parlant d'elle et louant ses rares vertus, charités et bontés, lui eschappa de dire que c'avoit esté faict fort meschamment *de l'avoir faicte mourir et si innocemment ;* dont il fut banny jusqu'au plus profond des Indes d'Espagne. *Cela est très-vray, à ce que l'on dict : il y a d'autres conjectures plus grandes qu'il faut taire.* Mais tant y a que c'estoit la meilleure princesse qui ayst esté de son temps et autant aymée de tout le monde[1]. »

Dans ce récit, Brantôme attribue la mort d'Élisabeth de France à une vengeance secrète, et désigne clairement Philippe II comme l'instigateur du crime. Antonio Perez émet la même opinion. Il donne pour base à son argumentation un sentiment de jalousie conçu par ce prince contre sa femme sur de fausses apparences, par suite de l'aventure d'un certain marquis del Pozzo, amant d'une des filles de la reine, et qui aurait été surpris sortant des appartements d'Élisabeth. Perez prétend que cette découverte coûta la vie à cette princesse. « Le roy moyenna, dit-il, que la duchesse d'Albe, première dame d'honneur de la royne, vieille matrone, et laquelle estoit sa gouvernante, vint un matin esveiller la royne et luy dire que les médecins trouvoient

[1]. Brantôme, *Dames illustres.* — *De la royne d'Espagne, Élisabeth de France*, p. 183, 184.

bon qu'elle prist une petite médecine pour se descharger un peu d'humeur, et qu'autrement elle ne sauroit sauver son fruict, ce qu'elle rejetta fort loing, disant qu'elle ne le pouvoit faire en l'estat de grossesse où elle estoit. La duchesse insistoit tousjours, disant que ceste lune ne se pouvoit passer sans prendre cette médecine, puisque les médecins le trouvoient bon. Sur ces disputes, voilà entrer le roy avecque sa robe de chambre, qui ne couchoit pas loing de là, lequel s'estant enquis du sujet de la dispute, donna, du commencement, tort à la duchesse. Enfin, ayant oüy les raisons qu'elle alléguoit, commença à persuader la royne à mesme fin, laquelle résista longtemps et par raison et par refus tout à faict. Mais enfin le roy luy dict que, puisqu'il importoit à l'Estat, il falloit qu'elle passast par là, et, prenant le vase de sa main, le luy présenta et luy fict boire.

Et, *dans trois ou quatre heures après*, elle se blessa d'un fils[1], qui avait tout le crasne de la teste bruslé et mourust quant après[2]. »

Ce témoignage serait accablant contre Philippe II, si l'on ne se souvenait qu'Antonio Perez, ministre disgracié de ce prince et son rival auprès d'Anne de Mendoça, princesse d'Éboli, doit inspirer peu de confiance, la haine qu'il portait au roi pouvant étouffer en lui tout discernement ou tout respect de la vérité. L'amour prétendu d'Élisabeth pour don Carlos n'est qu'une fable à laquelle l'examen sérieux de l'histoire ne permet de substituer qu'un sentiment d'affectueux et sympathique intérêt. Il est reconnu que la reine aima Philippe II jusqu'à lui sacrifier ses goûts, ses souvenirs et ses amitiés, et qu'elle brava

---

1. L'assertion est fausse ; c'était une fille.
2. Voy. *Bibliothèque nationale, Mss. f. Dupuy*, n° 661, p. 21.

constamment pour lui plaire la terreur que lui faisaient éprouver les remontrances de Catherine de Médicis. Les conjonctures mystérieuses et horribles dont fut entouré le trépas du prince héritier d'Espagne, frappèrent vivement l'imagination d'Élisabeth de France et portèrent un coup funeste à sa santé.

Un document d'une autorité incontestable vient nous fournir le plus sérieux des témoignages à l'appui de la non-culpabilité de Philippe II. C'est une dépêche adressée à Catherine, le jour même de la mort de la reine, par M. de Fourquevaulx, ambassadeur de France à Madrid ; les précieux détails consignés dans la lettre de ce diplomate opposent un démenti formel aux insinuations de Brantôme et d'Antonio Perez. « Il est advenu, Madame, écrit M. de Fourquevaulx, que les faiblesses et vomissements (de la reine) l'ont si estrangement pressée en trois jours, qu'il plut à Dieu la prendre cejourd'huy sur le poinct de midi, après avoir avorté d'une fille d'environ cinq moys, bien formée, laquelle a eu baptesme, et si le lien eust pu sortir de son corps comme avoit fait ladicte fille, Sa Majesté n'en eust pas valu moins. Le roy son mary l'avait visitée le matin, devant jour, auquel ladicte dame parlant en très-sage et très-chrestienne princesse, print congé de luy pour jamais en cette vie en langage que royne ne parla onc de meilleur cueur ny plus sainement, luy recordant en après Mesdames ses filles, l'amitié de Vos Majestés, la paix de vos royaumes et ses dames, avec autres paroles dignes d'admiration et *pour faire fendre le cueur d'un bon mary comme estoit le seigneur roy*, lequel respondit de mesme constance, ne pouvant croire qu'elle fust si près de sa fin, et luy accorda et promist toutes ses requestes et demandes; puis s'est retiré en sa chambre, *fort angoisseux et triste, selon qu'on m'a dict.* Ladicte dame s'estoit confessée et avoit faict son testament cette nuict, et, de bon matin, luy ont administré le sainct sacrement et la saincte onction, car elle les a demandés. Et m'ayant don Jean Manrique faict sçavoir cette extrémité seulement entre cinq et six heures, nous sommes allés chez elle incontinent, Mgr de Lignerolle et moy. Madicte dame nous a soudain recogneus et m'a dict : « Monsieur l'ambassadeur, vous me voyez en chemin de déloger bien tost de ce misérable monde pour un autre royaume plus agréable où j'espère estre, auprès de mon Dieu, en gloire qui n'aura jamais fin. Je vous prie dire à la royne madame ma mère et au roy mon frère, que je les supplye prendre patiemment ma fin, et se contenter de ce qui me contente plus que ne soyt oncq bien ny prospérité que j'aye gousté en ce monde :

c'est de m'en aller vers mon Créateur où j'espère avoir meilleur moyen de leur faire service et je prieray Dieu pour eulx et pour mes frères et sœurs qu'il les garde et maintienne très-longuement en sa saincte protection. Vous les prierez de ma part qu'ils prévoyent à leur royaume afin que les hérésies qui y sont prennent fin, et, de mon costé, je prie et prieray Dieu qu'il leur en donne le moyen et qu'ils prennent ma mort patiemment en croyant que je suis bien heureuse. » — « Je luy ay respondu que je m'assuroys, avec la grâce de Dieu, que Sa Majesté vivroit assez longuement pour, de son temps, voir le bon ordre que Vos Majestés sont après à mettre et donner, afin que, selon son désir, Dieu soyt servi en France. » Elle m'a faict response : « Non, non, monsieur l'ambassadeur ; je désire bien qu'il soyt ainsy, mais non de le voir, car j'ayme trop mieulx aller voir ce que j'espère et croy de voir bientost. » — « Je luy ay, Madame, voulu donner courage, le moins mal que j'ai sceu. Elle m'a respondu que je verroys tantost comme elle tendroit à sa fin sans remède, d'une telle asseurance parmy la grâce que Dieu luy donnoit de mespriser le monde et ses grandeurs et d'avoir en luy et en Jésus-Christ toute son espérance, que jamais chose ne luy fust moindre soucy que de mourir au bout d'une prière. *Je luy ay demandé s'il luy souvenoit de me commander vous faire entendre quelque particularité.* Elle a respondu que non, que de vous supplyer, de sa part, au nom de Dieu, de ne vous contrister point pour sa perte, car elle s'en alloit avec les bienheureulx, qui est tout le mieulx que Vostre Majesté et ceulx qui l'ayment lui pourroient désirer, auquel lieu vous attendra pour, *lorsque Dieu sera servy*, vous appeler, après vous avoir voullu tirer hors des misères et travaux que Vostre Majesté porte pour le bien du roy et de ses bons subjects, *me commandant escripre au roy que elle le supplye de se monstrer roy et maistre, car il doibt cella à son royaume et aux siens,* vous recommandant, Madame, les infantes à tous deux, et autres paroles que je n'ay sceu retenir d'extresme angoisse ou je (me) sentoys et que j'avois, par manière de dire, plus grand besoin de consolation que moyen de la donner à ladicte royne. Elle a tousjours parlé et respondu aux exhortations et prières dévotes dudict confesseur, jusques moins un demy quart d'heure de son trépas, qu'elle a commencé de travailler d'un travail reposé qui l'a menée si doulcement que l'on n'a sceu juger du moment qu'elle a rendu son esprit, excepté qu'elle a ouvert ses deux yeulx clairs et luysants et me sembloyt qu'ils me commandoïent encore quelque chose, car ils estoient tournés droict à moy. Cela faict, Madame, nous nous sommes retirés bien tost après, laissant tout le palais en pleurs, ensemble les processions et peuple de cette ville, qu'il n'y a grand ni petit qui n'en pleurent, et tous la regrettent pour la meilleure royne qu'ils aient jamais et n'y sçaurait avoir. Le roy son mary s'en est allé se retirer au monastère de Sainct-Hiéronyme[1]. »

M. de Fourquevaulx était resté dans la chambre de la reine depuis six heures du matin jusqu'à midi, et n'en sortit que lorsque cette princesse eut rendu le dernier soupir. Contrairement aux allégations d'Antonio Perez, qui prétend qu'Élisabeth mourut *trois ou quatre heures* après avoir pris un breuvage empoisonné, l'ambassadeur affirme que la maladie dura *trois jours*. Perez se trompe également sur le sexe de

[1]. *Bibliothèque nationale. Suppl. fr.* $\frac{225}{1}$, lettre 374, p. 1474.

l'enfant et ce fait seul dénote une source d'informations bien peu sûre. Rien ne saurait être opposé à la narration fidèle qu'on vient de lire, rédigée heure par heure et même, pour ainsi dire, minute par minute par un témoin oculaire. L'insistance singulière avec laquelle Élisabeth prie l'ambassadeur de conjurer de nouveau Charles IX et Catherine de poursuivre sans relâche les rebelles dans leurs États, constitue un de ces signes caractéristiques qui forment la meilleure preuve de la bonne foi du diplomate et de l'authenticité de son récit. Ce trait fait apparaître tout à coup en pleine lumière la figure de la compagne soumise de Philippe II, dont un diplomate vénitien avait dit : « Elle se montre désireuse de satisfaire le roi, *et elle ne veut que ce qu'il veut*[1]. » C'est bien en ce sens que cette princesse avait

1. *Relazione di Spagna* di Giacomo Soranzo. Collection de Florence, p. 118.

parlé à Bayonne, alors que le duc d'Albe écrivait à son maître : « La reine s'est montrée vraiment digne de vous, et aucun de vos ministres n'eut été capable de traiter la question avec autant d'adresse et d'autorité ! » Le portrait tracé par M. de Fourquevaulx est d'une ressemblance frappante : c'est la véritable Élisabeth de France qu'il place devant nos yeux.

Si, avec de Thou, Ferreras, Strada et la plupart des auteurs du temps, la critique historique se prononce aujourd'hui presque unanimement en faveur de Philippe II, il n'est cependant pas sans intérêt de démontrer la persistance des soupçons que la mort d'Élisabeth de Valois avait fait naître à la cour de France et à l'étranger. Dans une audience accordée par Catherine de Médicis, le 6 janvier 1572, à Smith et à Killegrew, agents diplomatiques anglais, la reine mère ayant dénoncé un complot tramé par le duc d'Albe contre la vie de la reine leur maîtresse, Killegrew s'écria : « C'est dans leurs habitudes ! Le capitaine Colburn, en revenant d'Espagne, ne vous avait-il pas dit, Madame, que la reine Élisabeth votre fille était perdue ? »

Nous citerons encore un passage d'une lettre adressée à Catherine, le 16 septembre 1572, par Arnauld Du Ferrier, ambassadeur de Charles IX à Venise. C'était au lendemain de la Saint-Barthélemy : le roi et sa mère, abandonnant la politique du chancelier de L'Hospital, venaient de céder aux sinistres conseils que le duc d'Albe leur avait donnés à Bayonne, au nom de Philippe II. Dans un langage empreint d'une altière indépendance, le grand diplomate plaint la reine mère d'avoir vu son fils « *mettre si avant la main au sang de ses subjects,* » et ne lui laisse point ignorer les bruits accusateurs qui circulent parmi les Vénitiens. « Ils sont, ajouté Du Ferrier, si bien fols et téméraires de dire que vous avez mieulx aymé ruyner le royaume en vous vengeant de l'amiral que l'augmenter *et que vous ressentir du mal de celuy qui a faict mourir vostre fille*[1]. »

La réponse de Catherine de Médicis à Arnauld Du Ferrier est encore plus digne d'attention. Loin de s'élever, en effet, contre la fausseté de l'accusation formulée à Venise contre Philippe II par la voix populaire, cette princesse semble même, tout en exprimant quelques réserves, très-portée à s'y associer. Elle déclare que l'état troublé du royaume a seul empêché Charles IX de tirer vengeance du crime dont sa sœur aurait été victime, et qu'il saisira la première occasion pour châtier le coupable. En somme, la certitude de l'in-

---

1. *Un ambassadeur libéral sous Charles IX et Henri III*, par E. Fremy, chapitre IV, p. 161.

nocence du roi d'Espagne ne s'est pas faite dans l'esprit de Catherine de Médicis; elle doute encore, ou du moins veut paraître douter :

« Pour le regard de ce que me mandez de *celluy qui a faict mourir ma fille, c'est chose qu'on ne tient point pour certaine; et, où*[1] *elle le seroit*, le roi monsieur mon fils n'en pouvoit faire la vengeance en l'estat où son royaume estoit lors. Mais à présent qu'il est tout uny, *il aura assez de moyen et de force pour s'en ressentir quand l'occasion s'en présentera*[2]. »

Le P. Hilarion de Coste et Marguerite de Valois, avec divers auteurs contemporains, rapportent qu'au moment même de la mort de la reine d'Espagne, Catherine de Médicis aperçut un météore que ses préoccupations ordinaires

1. Quand.
2. *Idem. Appendice. — Lettre de Catherine de Médicis à Du Ferrier.*

d'astrologie lui firent considérer comme l'annonce d'un malheur prochain :

« La royne, dit de Coste, en eut le premier advis (de l'événement), et au moment qu'elle mourust (comme la royne Marguerite l'a escript dans ses *Mémoires*[1], et encore quelques historiens), par un gros rayon de feu qui passa et repassa devant ses yeux, et ne fust veu d'autre que d'elle qui le print

---

1. Voici le texte du passage des Mémoires de Marguerite de Valois auquel le P. de Coste fait allusion : « La royne ma mère n'a jamais perdu un de ses enfants qu'elle n'aye veu une fort grande flamme, à laquelle soudain elle s'escrioit : « *Dieu garde mes enfants!* » Et incontinent après, elle entendoit la triste nouvelle qui, par ce feu, luy avoit esté augurée. » (*Mémoires* de Marguerite de Valois, édition Janet p. 42.) Cette princesse ajoute que Catherine eut, en plusieurs autres occasions et notamment le jour de la bataille de Jarnac, des prévisions bientôt justifiées par les événements. Pierre de L'Estoile et le huguenot d'Aubigné lui-même, déclarent tous deux qu'en 1574 la reine mère avait prédit la mort du cardinal de Lorraine. (Voy. *Histoire universelle* de T. A. d'Aubigné, t. Ier, p. 719 et le *Journal de Henri III* de l'Estoile, t. Ier, p. 49 et 50.)

pour un présage d'une grande affliction; et, portant incontinent sa pensée du costé qu'elle avoit le plus d'appréhensions et de crainte, elle proposa d'envoyer un courrier en Espagne pour avoir des nouvelles de sa fille. Depuis, quand le courrier de Philippe arriva dans la chambre de Sa Majesté, elle demanda à Lansac, en présence du cardinal de Lorraine et de Morvilliers, si sa fille la royne d'Espagne estoit morte, et, ne faisant point de response à cela, son silence lui osta la parole et la fit remettre sur le lict d'où elle ne faisoit que de sortir. Elle dissimula avec une invincible constance le sentiment de ce coup-là, n'en donnant point de connaissance ny au roy Charles ny aux princes qui vindrent là pour la consoler. Elle fit lire les lettres du roi d'Espagne, alla à la messe et, après le disner, s'enferma en son cabinet où elle donna à la douleur les larmes qu'elle luy avoit refusées en public[1]. »

Le chagrin de la reine mère fut-il sincère ? Tout porte à le croire. Plusieurs pièces authentiques, confirmées par des faits, témoignent que Catherine était susceptible d'un amour maternel tendre et passionné. Ses lettres à Mme d'Humières prouvent de quelle sollicitude elle entourait ses enfants en bas âge[2]. Nous avons vu Brantôme déclarer qu'entre ses filles, Élisabeth « *estoit sa bonne fille qu'elle aymoit par-dessus toutes*[3]. » Lorsque la jeune reine est atteinte de la variole en 1561, sa mère s'empresse de lui envoyer de France tous les remèdes les plus propres à conjurer le mal et à

---

1. *Éloges des Dames illustres*, par le R. P. Hilarion de Coste. *Madame Elisabeth de France, Royne d'Espagne*, t. Ier, p. 581.
2. *Lettres de Catherine de Médicis*, t. Ier, p. 49, 53, 62 et suivantes.
3. Brantôme. *Dames illustres. — De la royne d'Espagne Élisabeth de France*, p. 189.

effacer ses traces[1] : « *Aylle ayst, pour set heure, la plus chère chause qui me souyt[2] demeurayé[3]* », écrit-elle à Philippe II en lui recommandant la santé d'Élisabeth.

Après l'entrevue de Bayonne, les épîtres de Catherine, ainsi que nous l'avons vu, n'ont qu'un seul objet, qu'un thème unique varié à l'infini : le chagrin que lui cause le départ d'Élisabeth. En 1566, peu de temps avant les premières couches de la reine d'Espagne, M. de Fourquevaulx avertit la reine mère que cette princesse ayant fait son testament sur le conseil du duc d'Albe, il avait cru

---

1. « Encores, dit Brantôme, qu'elle eut eu la petite vérole estant grande et mariée, on luy secourust son visage si bien par des *sueurs d'œufs frais*, chose fort propre pour cela, qu'il n'y parut rien, *dont j'en vis la royne sa mère fort curieuse à luy envoyer par force courriers beaucoup de remèdes*, mais celui de la sueur d'œufs en estoit le souverain. » (Brantôme. *Dames illustres.* — *De la royne d'Espagne Élisabeth de France*, p. 179.)

2. *Souyt*, soit.

3. *Demeurayé*, demeurée.

devoir lui rappeler de ne point oublier la famille royale de France dans ses dernières dispositions. Catherine répond aussitôt : « Je suis en peine de ce que vous m'escrivez du testament; il me semble que ce sont choses dont on ne doit pas affliger et *crucier* l'esprit d'une jeune femme en l'estat où est ladicte dame ma fille, veu mesmement qu'elle l'a déjà faict. Si c'est la coustume de ce pays, il faut y voir moins de soupçon, ce que je vous prie mettre en peine de sçavoir au vray et m'en avertir au plus tost, regardant tout ce que vous pourrez de la consoler et conforter, afin qu'avec plus de vigueur et espérance en la grâce de Nostre-Seigneur, elle puisse supporter ce qu'il en faut espérer de sa volonté. *Et que jour pour jour et à toutes occasions je sçache de ses nouvelles*[1]. »

1. *Lettres de Catherine de Médicis*, p. 164. *A mon fils le roi Catolyque*, 15 janvier 1561. — Lors de l'accouchement de la Reine d'Espagne,

Il est vrai qu'entre tous les enfants de France, Marguerite de Valois, si belle, si spirituelle, si lettrée, fut la seule pour laquelle la reine mère ne témoigna que du mépris et de l'aversion. Lors de la terrible nuit de la Saint-Barthélemy, malgré les pleurs de Claude de France,

Catherine de Médicis demande à M. de Fourquevaux des courriers exprès pour l'informer de l'état de sa fille; elle lui envoie par un émissaire spécial, M. de Saint-Etienne, « un paquet où il y a tout plein de recettes dont elle peut avoir besoin » et prend la peine d'écrire elle-même au médecin d'Élisabeth en lui recommandant d'exécuter scrupuleusement les prescriptions qu'elles contiennent, « car, dit-elle, la Royne ma fille s'en trouvera fort bien ». Les médecins de Madrid firent assez peu de cas des avis de la reine mère et l'ambassadeur lui écrit après l'accouchement : « J'ay averty le docteur Montguyon de la présente dépêche, afin de rendre compte par une lettre sienne à Vostre Majesté de l'état de ladicte malade, sans oublier à dire quelles de vos recettes ils ont appliquées et quelles non, car j'entends que *ces médecins espagnols en ont méprisé la pluspart, comme grosses bestes qu'ils sont, n'ayant rien que présomption et arrogance en eux.* » Catherine de Médicis envoie néanmoins très-fréquemment à sa fille des caisses remplies de présents, de recettes et de panacées alors à la mode.

Catherine ordonna froidement à la reine de Navarre de regagner ses appartements, bien qu'elle sût parfaitement que des meurtriers étaient embusqués dans tous les corridors du Louvre[1]. Elle préférait sacrifier la vie de sa fille plutôt que de risquer de compromettre la réussite du complot en la conservant auprès d'elle. Ces sentiments ne se modifièrent point dans la suite. Marguerite, devenue une étrangère pour Catherine de Médicis,

« Je fus hier après disner, écrit l'ambassadeur à la reine mère le 22 janvier 1566, présenter vos lettres, Madame et la quaisse de vos présents à la Royne, qui en fust la plus joyeuse et contente du monde et, sur l'heure, pendit les deus *pierres d'aymant* à son col attachées à un ruban jaune de ceulx de la quaisse. » Quand la reine d'Espagne ressentit les douleurs, lors de ses premières couches, Philippe II lui présenta de sa propre main une potion composée d'après les prescriptions expresses de Catherine de Médicis. « Peu de temps après les grands coups, écrit encore M. de Fourquevault, *il* (le roi d'Espagne) *luy donna de sa main le breuvage que vous, Madame, aviez ordonné.* »

1. *Mémoires de Marguerite de Valois.* Édition de M. Ludovic Lalanne, p. 32 et 33.

ne fut même pas nommée dans son testament.

La reine mère paraît avoir été assez indifférente pour son dernier fils François, duc d'Anjou, d'Alençon et de Brabant, mais on ne saurait contester l'affection aveugle qu'elle montra toujours pour Alexandre-Édouard de Valois, depuis Henri III. Tous les historiens ont retracé les efforts de cette princesse afin de lui procurer une couronne étrangère et d'assurer ensuite son retour en France. Après la mort de Charles IX, elle lui annonce en ces termes le décès de son frère : « J'ay envoyé, dit-elle, M. de Chémerault vous aporter une piteuse nouvelle pour moy pour avoir veu ten[1] mourir de mes enfants, et prie à Dieu qui m'envoy la mort aven que ie an voy plus, car ie cuyde désespérer de voir un tel ayspectacte[2] et l'amitié qu'il

1. *Ten*, tant.
2. *Ayspectacte*, spectacle.

(Charles IX) m'a monstrée alla fin, ne pouvant me laisser... Et après, me di à Dieu ! et me prie de lambraser[1], qui me cuyda fair crever[2] ! » Catherine supplie Henri de quitter au plus tôt la Pologne et de venir prendre possession du trône: « Je meurs denvy de vous revoir, ajoute-t-elle, car rien ne me peut fayre consolation et noublier ce que iay perdu *que vostre présence, car vous sçavés combien ie vous ayme et quand ie pense que ne bougerés ieamès plus davèque nous, cela me faict prendre tout en patiense.. Si ie vous venès ha perdre, ie me fayrès enterrer avecques vous toute en vie!*[3] »

Il est beaucoup plus aisé d'admettre la bonne foi de ces protestations d'amour maternel que de produire des preuves de nature à les infirmer. Nous en conclurons donc que Catherine a

1. *Lambraser*; l'embrasser.
2. *Revue du XIXe siècle*, t. VI, 1re livraison, 3 juillet 1836; p. 14.
3. *Ibid.*

aimé passionnément certains de ses enfants ; mais elle les a aimés à sa manière, avec une affection mal raisonnée, peu réfléchie, offrant plutôt le caractère d'un entraînement naturel et d'un instinct que celui d'une tendresse prudente, solide, capable de conseil et de direction. La mort d'Élisabeth de France fut assurément, après celle de Henri II, la plus vive douleur de la reine mère : la haine du fils préféré pour lequel elle s'était rendue coupable de si criminelles lâchetés lui réservait un cruel châtiment.

III

e travail n'est point une biographie de Catherine de Médicis. Nous n'entreprendrons donc ni de tracer ni même de résumer ici les événements politiques auxquels la reine mère s'est trouvée mêlée depuis l'époque où elle composa ses épîtres à Philippe II et à Élisabeth de Valois. Il importe seulement de faire connaître si cette princesse, fidèle au grand et noble rôle qu'elle s'était assigné dès son arrivée

en France, est restée, jusqu'à la fin de sa vie, la protectrice des poëtes et des artistes dont elle avait voulu partager les jouissances et les travaux.

Rappelons d'abord brièvement les conjonctures dramatiques qui précédèrent la mort de Catherine de Médicis ; nous chercherons ensuite à nous rendre compte de l'influence considérable qu'elle avait continué à exercer sur les lettres pendant la dernière période de son existence.

La reine mère quitta Paris au mois de décembre de l'année 1588, et arriva au château de Blois pour l'ouverture de la session des états généraux : un violent accès de goutte l'obligea bientôt à s'aliter. Henri III ne prenait plus la peine de cacher l'aversion qu'elle lui inspirait. « Le roy la visitant en sa maladie, écrit d'Aubigné, la fièvre luy redoubloit à la veüe insolente de son fils et à l'ouïe de ses *insultations*, ainsy s'appeloient ses visitations[1]. »

Le vendredi 23 décembre, Henri, entrant soudain dans les appartements de la reine mère, lui fit part du coup d'État qu'il venait d'accomplir. L'idée que les malheureux princes lorrains s'étaient décidés, sur ses propres instances, à rejoindre la cour, fit concevoir à Catherine de Médicis un irrésistible désir de dégager sa responsabilité en déclinant toute participation dans le complot[2]. Quelques jours après, malgré les

1. *Histoire universelle*, de T. A. d'Aubigné, in-4°, p. 153.
2. On sait que le profond ressentiment si longtemps nourri par Catherine de Médicis contre la maison de Lorraine avait peu à peu fait place à d'autres sentiments. Afin de décider la reine mère à leur prêter son appui, les Guises lui firent entrevoir l'éventualité de la reconnaissance de son petit-fils le marquis de Pont-à-Mousson, fils du duc de Lorraine et de Claude de Valois, comme héritier du trône de France. Cette princesse, se laissant séduire par leurs promesses, avait, depuis lors, secrètement favorisé les menées du parti de la Ligue, se flattant d'arriver un jour à réconcilier le roi et les princes lorrains.

souffrances qu'elle ressentait encore, elle se fit porter en litière chez le vieux cardinal de Bourbon, le futur roi de la Ligue, malade aussi et prisonnier dans le château. La reine mère lui déclara « *qu'elle prioit Dieu de la damner si elle avoit donné à ce crime son advis ou sa pensée*[1] ». Mais le prélat, qui s'attendait à subir le sort des Guises, n'admit ni sa bonne foi ni ses excuses, et la maudit en s'écriant : « *Ah! madame, ce sont de vos faits, ce sont de vos tours! Vous nous faictes tous mourir*[2] *!* »

Catherine, épuisée par cette scène violente, sentit ses forces l'abandonner. Elle se tourna vers les porteurs de sa litière : « *Ramenez-moy, dit-elle, je n'en puis plus! Il faut que je me mette au lict*[3]. » « Elle languist en soupirant,

---

1. *Journal de Henri III*, de Pierre de l'Estoile, édition de Cologne, 1719, t. II, p. 262.
2. *Ibid.*
3. *Ibid.*

rapporte d'Aubigné, jusques au 6ᵉ de janvier[1], disant à ceulx qui la consoloient plusieurs propos de désespoir. Et, comme ses femmes luy crioient : « Recommandez-vous à saincte Katerine, vostre bonne marraine, » elle tourna la face à la ruelle, vers Marguerite, sa femme de chambre, qu'elle avait laissée vivre à la religion réformée; à celle-là, qui luy disoit : « Tournez les yeulx à Dieu qui vous relèvera, » elle respondit : « Je suis accablée des ruynes de la maison[1] ! »

1. Cette date était fatale entre toutes, pour les membres de la maison de Médicis. Laurent le Magnifique, bisaïeul de Catherine, et Alexandre, frère naturel de cette princesse, étaient morts le 6 janvier.

2. *Histoire universelle*, de T. A. d'Aubigné, in-f°, p. 153. Un autre astrologue, ainsi que nous l'avons dit, avait annoncé à Catherine qu'elle mourrait écrasée sous les décombres d'un édifice et que le nom de Saint-Germain serait associé à sa mort; cette prédiction porta cette princesse à faire étayer tous les palais qu'elle habitait et à abandonner les Tuileries et le Louvre, situés sur la paroisse Saint-Germain-l'Auxerrois. Par une

On croit que, par ces mots, Catherine de Médicis faisait allusion à l'avenir funeste réservé à la France et à la race des Valois, d'après l'horoscope de l'astrologue Basile. « Ce Florentin, dit Pierre de l'Estoile, mathématicien très-renommé, a faict la révolution de la nativité de cette princesse, qui s'est trouvée très-véritable en ce qu'il prédict qu'elle serait cause de la ruine du lieu où elle serait mariée [1].... Quant au particulier de sa mort, le désespoir et la violence y ont esté remarqué comme en une fin très-misérable conforme à sa vie.... Ceulx qui l'approchoient de plus près eurent opinion que le déplaisir de ce que son fils avoit faict lui avoit advancé ses jours [2]. »

singulière coïncidence, le prêtre qui assista la reine mère à ses derniers moments fut M. de Saint-Germain.

1. Voy. *Journal de Henri III*, de Pierre de L'Estoile, t. II, p. 253.
2. *Ibid.*

Brantôme confirme en ces termes les allégations de L'Estoile : « Il y en a aulcuns, écrit-il, qui ont parlé diversement de sa mort, et mesme de poison. Possible qu'ouy, possible que non ; mais on la tient crevée de despit[1], comme elle avoit raison.... Elle mourut à Bloys, de tristesse qu'elle conceut du massacre qui se fist et de la triste tragédie qui s'y joua, et voyant que, sans y penser, elle avoit fait venir là les princes, pensant bien faire, ainsy que M. le cardinal de Bourbon lui dict[2]. »

Des hérauts d'armes annoncèrent à son de trompe le trépas de la reine mère dans les rues de la ville de Blois, « *commandant* de prier pour le repos de l'âme de très-haute et puissante princesse Catherine de Médicis, femme de

---

1. De chagrin.
2. Brantôme, *Dames illustres*. — *Catherine de Médicis*, p. 108 et 109.

roy, mère de trois roys et de deux roynes. »

Après l'autopsie, le corps, embaumé et revêtu des ornements royaux qui avaient servi lors des funérailles d'Anne de Bretagne, fut exposé sur un lit de parade dans l'une des salles du château, dont les murs étaient couverts de tentures de deuil. Des religieux de l'ordre de Saint-François se succédaient de deux heures en deux heures pour réciter l'office et les prières des morts. Dans une pièce voisine, décorée de tapisseries tissées de soie et d'or, on avait dressé sous un dais le buste de Catherine de Médicis, devant lequel, soir et matin, pendant quarante jours, la table de la reine mère fut dressée et servie aux heures ordinaires; les mets étaient ensuite distribués aux pauvres, suivant l'antique coutume observée dans la maison de France depuis un temps immémorial.

Un service solennel fut célébré pour

Catherine de Médicis en l'église de Saint-Sauveur. « Le roy, écrit Palma Cayet, y assista vestu de violet, et la royne, sa femme, vestue de tanné[1]. » L'archevêque de Bourges, Renaud de Baune, prononça l'oraison funèbre, et, la nuit suivante, sans aucune cérémonie, on ensevelit provisoirement le corps de cette princesse « *en pleine terre* », selon l'expression de Pasquier. La reine mère demeura près de quarante [vingt] ans dans sa sépulture de Blois. Étrange vicissitude des choses humaines! C'est par les soins de Diane de France, duchesse d'Angoulême, fille naturelle de Henri II[2], que les restes de Catherine de Médicis furent transportés à Saint-Denis en 1609[3]

1. *Chronologie novennaire*, de Palma Cayet.
2. Brantôme déclare qu'elle avait pour mère Diane de Poitiers; d'autres auteurs rapportent qu'elle était fille d'une Piémontaise.
3. Voy. *Journal d'Héroard*, publié par MM. Soulié et de Barthélemy, t. I, p. 400 : « *Lundy* 27 *août* 1609 : A trois heures, il (le dauphin, depuis Louis XIII) entre en carrosse, est mené à Saint-

et déposés dans le splendide mausolée érigé par la reine mère pour son époux, pour elle et pour leur postérité légitime.

Catherine de Médicis laissait un passif qui s'élevait environ à 20 millions de francs, au pouvoir actuel de l'argent[1].

Denys pour la première fois. Il donne de l'eau bénite à la feue royne, mère du feu roy (Henri III), que, depuis quatre mois, Mme d'Angoulesme avait faict porter de Bloys pour la faire ensevelir. »

1. On remarquait, entre les créanciers, la reine de Navarre, les héritiers de Christophe de Thou, ceux du maréchal Strozzi, Germain Pilon, ainsi qu'une foule d'artistes, d'ouvriers, d'employés et d'officiers de la maison de la reine mère, qui réclamaient le montant de leurs créances, de leurs salaires ou de leurs gages. Par ce testament, daté « *de Bloys, 5ᵉ de janvier avant midy* », veille de sa mort, Catherine de Médicis lègue à Mme Chrestienne de Lorraine, mariée à Ferdinand Iᵉʳ de Médicis, grand-duc de Toscane, « la maison et palais qu'elle a en la ville de Paris, appartenances et despendances, avec la moitié de tous et chacuns de ses meubles, cabinets, bagues et joyaulx ». L'autre moitié du mobilier était léguée à Charles de Valois, grand prieur de France, fils de Charles IX et de Marie Touchet. Parmi les autres dispositions du testament de la reine mère, nous relèverons un legs de 2000 écus « *à chacun de ses nains et naines* qui répondaient aux noms sui-

Par son testament, daté du 5 janvier 1589, cette princesse instituait Henri III pour unique héritier. Les créanciers ayant fait aussitôt saisir les biens de la reine mère, la chambre des comptes, « pour la conservation des droicts du roy », ordonna d'apposer les scellés sur les portes de l'hôtel de la rue des Deux-Écus, où Catherine résidait habituellement. Cette mesure de garantie s'étendit aux manuscrits grecs en dépôt rue Plâtrière, chez Jean-Baptiste Bencivenni, abbé de Bellebranche, aumônier et bibliothécaire de la reine mère, alors occupé à en dresser le catalogue. Dans le courant de l'année 1589, le duc de Mayenne et sa sœur, Mme de Montpensier, étant venus s'installer dans l'hôtel de la reine, demandèrent la levée des

vants : *Bezon* ou *le petit Nonneton*, *Augustin Romanesque*, *le grand Pollacre*, *le petit Pollacre*, *la Roche*, *Merlin*, *Rodomont*, *Mandricart*, *Majostri* et *Pétavine* ». (Voy. *Dict. Jal.*, p. 895.)

scellés, afin de pouvoir prendre les meubles qui leur étaient nécessaires. La chambre des comptes n'osa pas décliner la requête du tout-puissant lieutenant général. Néanmoins, en raison des déprédations auxquelles les propriétés n'étaient que trop exposées pendant ce temps troublé de la Ligue, elle jugea opportun de faire dresser un inventaire détaillé du mobilier de Catherine de Médicis. Le 15 juillet 1589, deux conseillers maîtres, messires Jacques de Pleurre et Barnabé de Ceriziers, assistés du procureur général et d'un greffier, se rendirent à l'ancienne demeure de la reine mère.

En 1572, lorsque Catherine eut donné l'ordre à Philibert Delorme d'interrompre les travaux des Tuileries, qu'elle ne se souciait point d'habiter, elle avait confié à Jean Bullant le soin de construire un nouveau palais, cette fois au cœur de la ville, sur un terrain compris entre les rues des Deux-Écus, Coquillière, du Four et de Grenelle Saint-Honoré. C'était l'emplacement du *Petit-Nesle*, où mourut Blanche de Castille, à qui la reine mère aimait à se comparer.

L'édifice se composait de trois pavillons réunis par deux corps de logis. Deux avant-corps, se détachant des pavillons, venaient se relier aux bâtiments latéraux par une galerie en arcades, surmontée d'une terrasse. Au fond de la cour d'honneur, à gauche, on remarquait la fameuse colonne qui servait d'observatoire à la reine mère et à ses astrologues, Regnier[1] et Côme Rug-

---

1. C'est d'après les indications de Régnier que la reine mère fit élever la colonne. Cet astrologue avait composé, pour Catherine de Médicis, un talisman qu'elle portait, dit-on, toujours, et qui passait pour être composé de sang humain, de sang de bouc et de divers métaux fondus ensemble, sous l'influence des constellations en rapport avec la nativité de la reine mère. (Voy. *Histoire de France*, de Henri Martin, t. IX, p. 386.) M. P. Lacroix donne la description suivante d'un

gieri : elle s'élevait à 100 pieds au-dessus du sol. Jean Bullant, qui l'avait con-

autre talisman de Catherine, affectant la forme d'un bracelet, et qui, en 1786, se trouvait au nombre des objets rares et précieux de la collection de d'Ennery. Ce bracelet était formé de dix chatons d'or, renfermant diverses pierres. « La première est une pierre d'*aigle* ovale, sur laquelle est gravé en creux un dragon ailé. Au-dessus on lit la date 1559, année de la composition de ce talisman et de la mort de Henri II. La seconde est une agate à huit pans, semée de petites taches zonées en forme de petits tubes, dont les orifices sont apparents des deux côtés. La troisième est un onyx de trois couleurs, ovale, portant cette inscription sur la tranche : *Gabriel, Raphaël, Mikaël, Uriel*. La quatrième est une turquoise ovale et fort élevée, arrêtée par une bande d'or transversale. La cinquième est un morceau de marbre noir et blanc. La sixième est une agate brune ovale : sur une des faces sont gravés en creux, au milieu, un caducée, une étoile et un croissant; sur la tranche à droite, est aussi gravé en creux le mot *Jéhovah*, accompagné de plusieurs caractères talismaniques ; sur l'autre face on voit la constellation du serpent, représentée entre le signe du scorpion et le soleil : ces figures sont entourées de six planètes. La septième est un morceau de crâne humain, carré oblong. La huitième est une crapaudine ovale. La neuvième est un morceau d'or arrondi : sur la face convexe, la *main de gloire* sur un alambic

struite, avait publié un *Traité des cinq manières de colonnes;* il était, pour ainsi dire, un spécialiste en cette matière. Bullant imagina, dit M. Bonaffé, « un ordre semi-toscan », rappelant ainsi ingénieusement à Catherine, et sa patrie et la race des Médicis. Sur la colonne, dix-huit cannelures, empruntées au style dorique et décorées d'attributs sculptés représentant des fleurs de lis, des lacs d'amour rompus, des miroirs brisés et des chiffres enlacés, faisaient allusion aux regrets et au deuil de Catherine de Médicis. Un escalier, analogue à celui de la colonne Trajane, conduisait à la plate-forme, entourée d'un balcon

---

se trouve gravée en relief; dans la face concave, on voit le soleil et la lune en conjonction, aussi représentés en relief. La dixième et dernière pierre est un onyx de deux couleurs, exactement ronde, au milieu de laquelle est gravé le mot *Publeni,* terme inconnu. » (*Catalogue des tableaux, antiquités, pierres gravées, etc., etc., du cabinet de feu M. d'Ennery, écuyer, par les sieurs Remi et Milliotti.* Paris, 1786.)

et surmontée d'une sphère armillaire.

« Le jardin renfermait des parterres, une volière et des allées d'arbres magnifiques bordant la rue de Grenelle-Saint-Honoré et la rue des Deux-Écus prolongée. A l'extrémité, au coin de la rue Coquillière, Catherine avait conservé, pour en faire sa chapelle, l'ancienne église des Filles Repenties » dont le palais remplaçait les bâtiments conventuels. « On y entroit, dit Sauval, par un portail des plus elevés et des plus magnifiques ; il est couronné de deux clochers suspendus en l'air sur deux trompes. L'autel est enrichi de deux sculptures de Pilon, le plus tendre et le plus ingénieux sculpteur de son temps; elles représentent l'Annonciation. Ces figures passent pour les plus spirituelles que nous ayons de ce grand maître. »

La grande salle du rez-de-chaussée est tendue, dit l'Inventaire, de « douze pièces de tapisserie de haulte lisse, neuves, façon de Bruxelles, esquelles est représentée l'histoire de Hannibal ».

« Catherine de Médicis, dit M. Bonaffé, aimait les belles tapisseries et protégeait la manufacture parisienne de la Trinité, fondée par Henri II; c'est de là que provenait la tapisserie de la reine Artémise, commandée par Catherine sur des dessins attribués à Henry Lerambert et conservés au Cabinet des estampes. L'inventaire mentionne encore, sans indiquer leur emplacement, des tapisseries de Flandres, de Beauvais et des tentures de « haulte lisse à grotesques ».

« La grande galerie est au premier étage ; elle longe la rue des Deux-Écus au-dessus de la porte d'entrée principale. Cette galerie renferme trente-neuf portraits de la famille royale de France et de quelques princes étrangers ; au milieu, une belle table en mosaïques de Florence est « assize sur un pied en bois doré et marqueté ». Deux cabinets de peintures sont placés à chaque extrémité : celui qui regarde la rue du Four est consacré à la famille des Médicis, que préside Catherine elle-même, peinte sur le manteau de la cheminée; dans l'autre cabinet, vers la rue d'Orléans, sont les portraits de divers personnages, le « ravissement d'Hélène », et, sur la cheminée, l'image de Magdeleine de la Tour, mère de Catherine. Les appartements de la princesse de Lorraine et de Louise de Lorraine, femme de Henri III, quelques autres cabinets sans destination connue, sont encore remplis de portraits, car on en trouve partout, dans les coffres, dans les armoires, dans les galetas. En somme j'ai compté 341 portraits et 135 tableaux; c'est une véritable collection. Il est permis d'en attribuer la meilleure part à Pierre et Cosme du Monstier et à Benjamin Foullon « peintres de la reine mère », mais ils avaient, sans doute, des collaborateurs. On sait, par exemple, que François Clouet fit pour Catherine des toiles de grande dimension relatives à l'histoire des Médicis, et Corneille de Lyon, peintre officiel de la cour de France, est l'auteur d'un certain portrait dont Brantôme parle avec enthousiasme. »

Une des pièces les plus originales du palais, le *cabinet des émaux*, était composée de « 39 petitz tableaux d'esmail de Limoges en forme ovalle et de 32 portraits d'environ ung pied de hault, de divers princes, seigneurs et dames, enchâssez dans le lambris ». Ici, du moins, la forme, le sujet, la dimension des émaux, sont une indication : nous sommes chez Léonard Limosin et nous reconnaissons pour les avoir vues au Louvre ou ailleurs, les compositions habituelles du célèbre « esmailleur du Roy ». L'ajustement de ce cabinet doit être remarqué : il montre quelle était, dans l'origine, la destination décorative des plaques émaillées, enchâssées dans les boiseries rehaussées d'or et de peintures ; elles formaient autour de la pièce une ceinture chatoyante de l'effet le plus pittoresque. Le cabinet des émaux était une des curiosités de l'hôtel avec le *cabinet de dévotion* et le *cabinet des miroirs*, le premier ainsi nommé à cause du sujet de ses peintures et le second formé de « 119 miroirs de Venize et de 83 petits portraits de demi-pied en carré enchâssés dans le lambris ». Sur la cheminée on avait représenté le roi « en perspective dans un miroir [1] ».

Traversons rapidement cette somptueuse demeure et arrêtons-nous enfin dans une des salles de l'hôtel qui offre pour nous un intérêt tout spécial : c'est le dernier *cabinet de travail* de la reine mère, où chaque objet, minutieusement

---

1. Voy. *Inventaire des meubles de Catherine de Médicis*, publié par M. Bonaffé, in-8°, 1874, p. 12 et suivantes.

décrit par l'inventaire, est demeuré, à peu de chose près, en l'état où elle l'a laissé. « C'est une vaste pièce entourée d'armoires et de vingt tableaux de paysages. La cheminée monte jusqu'aux poutrelles du plafond, d'où pendent des *peaux de crocodiles pleines de foin* et *un grand massacre de cerf.* Voulez-vous ouvrir les armoires ? Voici des éventails en cuir du Levant, des masques de Venise, des miroirs, des poupées habillées en damoiselles ou vêtues de deuil, des pots de senteurs avec un assortiment de boîtes, coffrets, étuis de toutes façons, les mille riens de la femme; puis des verreries de Venise, des laques de Chine, quelques antiques, des émaux, de la menue curiosité en ivoire, en nacre, en corail; et, sur une tablette, un vrai trésor : douze pièces de cristal de roche, parmi lesquelles trois grandes coquilles ou *gondoles* sur pieds d'or émaillés, qui pourraient bien se trouver parmi les plus merveilleux échantillons de la galerie d'Apollon[1]. » Remarquons encore dans le cabinet de travail de Catherine, outre le « coffret de tapisserie » contenant quarante-huit émaux de Limoges, des jeux de galets et de dames, une « layette[2] » de velours vert jaune, figuré, à fond blanc, renfermant une quenouille « de bois de crotelles », un damier de bois de rose, un échiquier de nacre de perle, une boîte vitrée avec un « *populo*[3] de cire en un champ de fleurs », trente-six petits portraits et tableaux peints sur bois, un cadran de bronze doré en forme de soleil. On remarque aussi divers cabinets d'ébène ou d'étoffe remplis de pots d'onguents, d'opiats et de terre sigillée[4],

---

1. *Inventaire des meubles de Catherine de Médicis*, publié par M. Bonaffé, p. 15, 16 et 80, n⁰ˢ 203 et suivants.
2. Coffre.
3. Un marmouset.
4. Pâte sur laquelle les empiriques orientaux

cette panacée alors si en vogue, des jeux de jonchets, de « *regnard* » et de billard, plusieurs écritoires, soit en cuir du Levant semé de chiffres, soit en velours cramoisi brodé d'or et d'argent; enfin, une quantité si prodigieuse de choses d'art et de curiosité, que nous renonçons à en faire même le relevé sommaire. « En meubles, en bijoux, en tableaux et dessins, en objets précieux de toute sorte, écrit M. Leroux de Lincy, elle avait amassé des richesses immenses[1]. » L'armoire « à quatre guichets », où Catherine de Médicis avait fait installer sa bibliothèque intime, se trouvait placée entre les fenêtres ; nous avons examiné avec soin les livres qui la composaient au commencement de ce travail, nous n'y reviendrons donc point ici. Ce

déposaient l'empreinte d'un chiffre cabalistique et qui passait alors pour guérir toutes les maladies. On en faisait encore un grand usage en France au dix-septième siècle.

1. *Bulletin du bibliophile,* XIIIe série, p. 915.

coup d'œil, jeté sur le dernier logis de la reine mère, a suffi pour nous convaincre qu'à la veille de sa mort, cette princesse n'avait en rien abdiqué aucun de ses goûts littéraires et artistiques.

L'hôtel de Catherine de Médicis, vendu à la requête des créanciers en 1601, fut acheté par Catherine de Bourbon, duchesse de Bar, sœur de Henri IV, qui le céda trois ans après, pour 100 000 livres, au comte de Soissons, dont il garda le nom depuis lors. Les princes de Savoie-Carignan, devenus ensuite, par héritage, propriétaires de l'ancien palais de la reine mère, laissèrent la chapelle et une partie des bâtiments tomber en ruines, et louèrent le reste pour y établir d'abord des maisons de jeu, puis, en 1718, les bureaux de la banque de Law. Trente ans plus tard, les créanciers de la maison de Savoie vendirent l'hôtel de Soissons à la ville de Paris, qui résolut de le démolir et d'élever une halle aux blés sur son emplacement. C'est à un homme d'esprit et de goût, Louis Petit de Bachaumont, que nous devons la conservation de la colonne astronomique. Indigné du vandalisme de ses contemporains, qui allaient détruire ce curieux monument de la Renaissance, il n'hésita pas à rédiger des factums et des pamphlets contre le prévôt des marchands, M. de Bernage. Le ridicule tuait, alors, en France. Tous les salons de la capitale dirent leur mot sur l'incident, et l'autorité municipale n'y fut point épargnée. On fit circuler une estampe réprésentant *l'Ignorance*, sous les traits de M. de Bernage, coiffée d'un bonnet d'âne et conduisant la horde des démolisseurs. Des sauvages groupés autour de la colonne s'apprêtaient à la défendre. Mme de Pompadour, qui aimait à jouer le rôle de protectrice des beaux-arts, chargea Gresset de composer une épître sur la conservation de la colonne. Il proposait de la surmonter de la statue de Louis XV, et de donner désormais le nom de colonne *Lodoïque* à :

> L'astrologique observatoire
> Que Médicis avait bâti
> Pour le chimérique grimoire
> De Gauric et de Ruggieri[1].

Piron, embrassant la cause de M. de Bernage, composa l'épigramme suivante, qui donne une bien mauvaise idée de ses lumières et de son goût en matière artistique :

> La colonne de Médicis
> Est odieuse à notre histoire ;
> Pour en effacer la mémoire,
> On ne doit pas être indécis.
> Il faut être un hétéroclite
> Pour y vouloir placer le roy :
> C'est, du vainqueur de Fontenoy,
> Faire un Saint Siméon Stylite.

1. Voy. *Œuvres* de Gresset, *XVIe épître*, adressée à M. Le Normand de Tournehem, surintendant des bâtiments du roi, beau-frère de Mme de Pompadour.

Le prévôt des marchands continuant à se montrer inexorable, Bachaumont lui proposa d'acheter, *de ses propres deniers*, la colonne de l'hôtel de Soissons, au prix de 1500 livres. Le marché ayant été conclu, l'acquéreur offrit ensuite ce monument à la ville, avec charge de le conserver. M. de Bernage, pris de remords tardifs, voulut tenter de réparer sa faute ; il remboursa Bachaumont, et suivit ses conseils en adaptant à la base de la colonne une fontaine publique. Le P. Pingré, savant Génovéfain, la surmonta plus tard d'un méridien cylindrique. Carmontelle grava le portrait de Louis Petit de Bachaumont, et le représenta assis au pied de l'observatoire de Catherine de Médicis, dont le piédestal portait cette inscription : *Columna stante quiescit*. La ville de Paris, que l'ignorance et la spéculation ont privée de tant de merveilles artistiques depuis un siècle, doit être reconnaissante envers l'homme généreux et éclairé qui lui a conservé un des plus intéressants souvenirs de son histoire.

Nous avons dit plus haut que les manuscrits de Catherine de Médicis faisaient aujourd'hui partie des collections de la Bibliothèque nationale[1]. Un mot d'explication historique est ici nécessaire pour indiquer comment et par qui ce dépôt a été opéré. La bibliothèque du roi a toujours considéré comme son fondateur Charles V, qui installa ses livres dans une des tours du Louvre, appelée depuis *tour de la Librairie*.

---

1. Voy. le *Cabinet des manuscrits de la Bibliothèque impériale*, par M. Léopold Delisle, t. I, p. 207; l'*Inventaire général et méthodique des manuscrits français de la Bibliothèque nationale*, également dû à M. L. Delisle, t. I, p. 124 et suivantes; *les Manuscrits de la Bibliothèque du roi*, par M. A. Paulin Paris, 7 vol. in-8°, 1836; *les Grands capitaines françois et estrangers*, de Brantôme, M. le mareschal Strozzi, t. II, p. 242, et l'*Essai historique sur la Bibliothèque du roi*, par Leprince, p. 36 et suivantes.

Cette Bibliothèque fut transférée d'abord à Blois, par Louis XII, puis à Fontainebleau, par François Ier, qui l'enrichit de documents d'un inestimable prix[1]. Dans une épître latine adressée à

---

[1]. La Bibliothèque du roi était confiée aux soins de *gardes,* parmi lesquels nous citerons les noms de Guillaume de Sanzay, qui exerçait ces fonctions avant 1528; de Jehan Verdurier, de 1528 à 1533; de Claude et de Gabriel Chappuys, de Mathieu de la Bisse et de Jean Gosselin, de 1533 à 1599. En 1544, François Ier fit dresser un inventaire par Anne Vergèce, et créa la charge de *Maistre de la librairie du roy* pour le fameux helléniste Guillaume Budé; les *gardes* furent, dès lors, placés sous la dépendance de ces fonctionnaires, parmi lesquels, pendant le cours du seizième siècle, nous trouvons Pierre du Chastel (Castellanus), Pierre de Mondoré, Amyot et J. A. de Thou. Dans un mémoire intitulé : *Remonstrance touchant la garde de la librairie du roy, adressée à toutes personnes qui aiment les lettres,* Jean Gosselin nous apprend qu'à l'époque de la Ligue, le président de Neuilly, l'un des partisans les plus fanatiques de l'Union, fit forcer les portes de la *Librairie* du roi, dont il s'empara au nom des princes. Cette situation se prolongea six mois, pendant lesquels la bibliothèque eut à subir diverses déprédations. L'intervention du président Brisson prévint de plus grands désastres.

Charles IX, le poëte Dorat, célébrant les richesses qu'elle renfermait, la comparaît à celle d'Alexandrie[1]. Les lettrés et les savants parisiens déploraient toutefois l'éloignement du siège de la biblio-

---

1. *Ad Carolum IX, Galliæ regem, de bibliotheca regia :*

> Et Ptolemæorum palatia clara fuerunt
>   Et Ptolemææ littora nota Phari
> Littora nocturna fulgente per æquora flamma
>   Conspicua et longe prospicienda mari,
> Quæ dubium per iter nautis vice syderis essent
>   Et regerent grata nautica vela face.
> Sed non ille vagis nautarum cursibus ignis
>   Gratior in dubio dux erat ante freto,
> Clara palatina quam quæ fulgebat ab arce
>   Altera doctorum bibliotheca Pharos,
> Unde, per innumeras dispersa volumina terras,
>   Ingeniis nitidas exeruere faces.
> Illa sed, ut rerum mortalia cætera fato
>   Functa suo, regum munera prisca jacent
> Nullaque nunc Pharos est eversaque culmina turris
>   Extinctique jacent et sine luce foci ;
> Nec minus ipsa jacet Musæi nomine dicta
>   Obruta cum libris bibliotheca suis.
> Sed pia Regis avi Francisci, Carole, cura,
>   Conquirens doctæ diruta saxa Phari,
> Musæumque novum Musis sacravit, et illis
>   Fontis Aquæ-Bellæ rite dicavit aquam,
> Cedat Alexandrina vis Ptolemææ tua.
>   Doctorum tua non habuit plus aula librorum,
> Et plus doctorum nostra habet aula virum !

thèque royale, qui entravait fréquemment leurs recherches et leurs travaux. Ramus se chargea d'être l'interprète de leurs vœux auprès de la reine mère. « La montagne de l'Université de Paris, écrivait-il à cette princesse, est le lieu du monde le plus propre à faire passer votre mémoire à la postérité la plus reculée. Le temple que vous y élèveriez aux Muses dominerait de tous côtés les plus larges et les plus gracieux horizons. Côme et Laurent de Médicis, qui savaient que les livres ne sont faits ni pour les champs ni pour les bois, ne mirent pas leur bibliothèque dans leurs délicieuses villas de la Toscane ; ils la placèrent au foyer de leurs États, dans la ville où elle était le plus accessible aux hommes d'étude. Vous m'en avez vous-même, Madame, fait une fois l'observation à propos de la bibliothèque de Fontainebleau. Mettez donc cette librairie au chef-lieu de votre royaume, près de la plus ancienne et de la plus fameuse des Universités[1]. » Catherine de Médicis, pénétrée de la justesse de ces représentations, décida Charles IX à accéder aux désirs qui lui étaient exprimés.

Le monde savant doit donc à la reine mère la translation définitive de la Bibliothèque du roi dans la capitale. En 1594, Henri IV l'établit au collège de Clermont, devenu vacant par suite du départ des pères de la Compagnie de Jésus. Jacques-Auguste de Thou, nommé par ce prince *maître de sa librairie*, lui démontra l'importance du retour à l'État des manuscrits de Catherine de Médicis, que les commissaires, chargés de dresser un inventaire en 1597, avaient évalués au prix de 5400 livres, « *encore*, disaient-ils, *qu'ils*

---

3. *Petri Rami Præfationes, Epistolæ, Orationes.* Paris, 1577, in-8°, p. 182 et 183.

ne se puissent assez estimer, tant pour la rarité (sic) *et la bonté desdicts livres, qui ne se pourroient trouver ailleurs, que pour estre une bonne partie d'iceux non imprimez et lesdicts livres originaux et non copies, dignes d'estre réservez en France pour la postérité, conservation des bonnes lettres, et pour l'honneur du royaume et impossibilité de pouvoir colliger et assembler à présent une telle bibliothèque, pour quelque prix et en quelque pays que ce soyt.* »

Le roi ayant apprécié les raisons que de Thou fit valoir auprès de lui, expédia, le 14 juin suivant, des lettres patentes ordonnant l'insertion des livres de la reine mère dans sa bibliothèque. Les créanciers de cette princesse formèrent opposition ; Henri IV manifesta de nouveau ses intentions à de Thou, le 5 mai 1598 : « Je vous ay cy-devant escript, dit-il, pour retirer des mains du nepveu de l'abbé de Bellebranche¹, la librairie de la feue royne mère du roy mon seigneur, ce que je vous prie et commande encore un coup de faire, si jà ne l'aviez faict, comme estant chose que je désire, affin que rien ne s'en esgare, et que vous les faciez mettre avec la mienne². »

Les prescriptions du roi furent enfin exécutées l'année suivante. Les huit cents manuscrits hébreux, grecs, latins, arabes, français et italiens de Catherine de Médicis, remis par Bencivenni entre les mains du conseiller au Parlement Denis de Hère, furent déposés dans la Bibliothèque du roi³ par les

---

1. Jean-Baptiste Bencivenni, abbé de Bellebranche, aumônier et bibliothécaire de Catherine de Médicis, était mort sur ces entrefaites, laissant le précieux dépôt entre les mains d'un neveu, son héritier.

2. *Lettres de Catherine de Médicis*, publiées par M. de la Ferrière.

3. Ils furent classés par Jean Gosselin « dans la salle haute » du collège de Clermont, où l'on avait installé la librairie royale.

soins de de Thou, qui acquit ainsi un titre de plus à la reconnaissance de sa patrie.

Les ligueurs, auxquels Catherine de Médicis avait cependant témoigné beaucoup de sympathie pendant ses dernières années, lui accordèrent peu de regrets. Le fameux Lincestre, curé de Saint-Gervais, annonça en ces termes à ses paroissiens le décès de la mère du roi. « La royne mère est morte, s'écria-t-il en chaire, laquelle, de son vivant, a faict beaucoup de bien et beaucoup de mal, et je crois qu'il y a encores plus de mal que de bien. Aujourd'huy se présente une difficulté, sçavoir si l'Église catholique doibt prier pour elle, qui a vescu si mal et soutenu souvent l'hérésie, encore que, sur sa fin, elle ayt tenu, dict-on, pour nostre droicte Union et n'ayt pas consenty à la mort de nos princes. Sur quoy je vous diray que, si vous voulez luy donner, à l'adventure, par charité, un *Pater* et un *Ave*, il luy servira de ce qu'il pourra. Je vous le laisse à vostre liberté[1]. »

Les factions les plus opposées s'unirent pour maudire Catherine de Médicis. Les huguenots lui demandaient compte des massacres de 1572; la maison de Lorraine l'accusait d'avoir attiré le duc et le cardinal de Guise dans le piège où ils avaient trouvé la mort; les politiques, enfin, lui reprochaient d'avoir laissé son fils « *mettre si avant la main au sang de ses sujets*[2] », compromettant ainsi l'honneur et la popularité de l'antique et glorieuse monarchie française[3].

1. *Journal de Henri III*, de Pierre de L'Estoile, t. II, p. 262.
2. Voy. *Un ambassadeur libéral sous Charles IX et Henri III*, par E. Frémy, Paris, Leroux, in-8°, p. 162.
3. On fit plusieurs *pasquils* en forme d'épitaphe

Les grandes gloires littéraires de la Renaissance s'étaient, au contraire, associées de tout temps pour célébrer les bienfaits de Catherine de Médicis. Le chef de la Pléiade avait reçu de cette princesse des témoignages d'estime et d'affectueux intérêt qui eusssent rendu jaloux les plus ambitieux courtisans. Il était accueilli au Louvre et aux Tuileries moins en protégé qu'en ami. Outre des charges importantes et de riches bénéfices, la reine mère lui avait donné une maison à Paris, ainsi que le rappellent ces vers émus qu'il lui remit sur

---

contre la mémoire de Catherine de Médicis. Nous n'en citerons qu'un :

> La royne qui cy gist, fust un diable et un ange :
> Toute pleine de blasme et pleine de louange,
> Elle soutint l'Estat et l'Estat mit à bas ;
> Elle fist maints accords et pas moins de desbats ;
> Elle enfanta trois roys et cinq guerres civiles,
> Fist bastir des chasteaux et ruyner des villes,
> Fist bien de bonnes loix et de mauvais édicts :
> Souhaicte-luy, passant, enfer et paradis.

le seuil, un jour qu'elle daignait honorer sa demeure de sa présence :

Vous qui avez, forçant la destinée,
Si bien conduit cette trouble saison,
Vous qui avez, par prudence et raison,
Si dextrement la France gouvernée,
Estes ici des Muses amenée
Par un destin ; car c'estoit la raison
Que d'un trait d'œil vous vissiez la maison
Que vous m'avez, en leur faveur, donnée.
Si ce lieu n'est un grand palais doré,
S'il n'est orné de marbre élaboré,
S'il n'est assis sur piliers de porphyre,
S'il n'est paré d'un artifice humain,
Il m'est pourtant aussi cher qu'un empire :
Tant vaut le bien qui vient de vostre main[1].

Ronsard, qui mourut en 1585, ne fut point ingrat, et sa fidélité envers la reine mère resta toujours inébranlable. A l'expression de sa reconnaissance pour la souveraine, se joignait, d'ailleurs, chez le poëte un sentiment de sympathique admiration pour la femme supérieure qui avait deviné son génie. Dès le règne de Henri II, il avait discerné

1. *Œuvres* de Ronsard, t. V, p. 315. *Les sonnets divers*.

la rare culture d'esprit et l'étendue des connaissances de Catherine de Médicis :

... Le ciel t'a peint en la face
Je ne sçay quoy, qui nous monstre,
Dès la première rencontre,
Que tu passes, par grand heur,
Les princesses de nostre âge
Soit en force de courage,
Soit en royale grandeur :
Le comble de ton sçavoir
Et de tes vertus ensemble
Dit qu'on ne peut icy voir
Rien que toy qui te ressemble.
Quelle dame a la pratique
De tant de mathématique ?
Quelle princesse entend mieux
Du grand monde la peinture (la cosmographie),
Les chemins de la nature (la physique)
Et la musique des cieux? (la métaphysique)
Ton nom, que mon vers dira,
Tout le monde remplira
De ta loüange notoire :
Un tas qui chantent de toy
Ne sçavent si bien que moy
Comme il faut sonner ta gloire.[1]

Depuis le jour où elle mit le pied sur le sol français, Catherine n'avait cessé de prodiguer des encouragements aux

---

1. *Œuvres* de Ronsard. Édition Jannet, t. II, p. 45 et 46, *Ode à la Royne*.

poëtes et de mettre à leur disposition ses ressources personnelles. Il appartenait au grand homme auquel la Renaissance décernait le nom de *Prince des poëtes*, d'acquitter lui-même la dette de gratitude que la littérature antique et moderne avait contractée envers cette princesse et envers ses ancêtres paternels. Ronsard console le poëte inconnu qui, découragé comme il l'avait été si souvent lui-même aux débuts de sa carrière, prend le ciel et les hommes à témoin de sa misère et veut briser les cordes de sa lyre, en lui rappelant que les Muses persécutées ont trouvé aux Tuileries un inviolable asile :

... En quel âge, ô bons Dieux, ores penses tu
[estre?
Penses tu que le ciel pour toy fasse renaistre
Encor le siècle d'or, où l'innocence estoit
Sur le haut de la faulx que Saturne portoit,
Lorsqu'Auguste regnoit qui, respandant la grâce.
Sur Virgile et Varrie et sur le luth d'Horace
De faveurs et de biens les remplit à foison
Et fist que le bonheur logea dans leur maison?

Ce beau siècle est perdu et nostre âge enrouillée
Qui, des pauvres humains la poitrine a souillée
D'avarice et d'erreur, ne permet que le bien
Aux hommes d'aujourd'huy vienne sans faire rien
Pour ce, avecques travail il faut que tu l'acquières,
Non en faisant des vers, qui ne servent de guières,
Non à prier Phebus, qui est devenu sourd,
Mais il te faut prier les grands dieux de la court,
Les suivre, les servir, se trouver à leur table
Discourir devant eux un conte délectable
Les courtizer, les voir et les presser souvent;
Autrement, ton labeur ne seroit que du vent,
Autrement ta science et ta lyre estimée
Pour n'user d'un tel art, s'en iroit en fumée.
Les grands à qui tu as ton labeur adressé,
Pour n'avoir leurs talons à toute heure pressé,
T'ont soudain oublié, car volontiers ils donnent
A ceux qui le plus près leurs costés environnent
Aussi l'astre cruel qui tourmenté t'avoit
Se tourner devers toy plus doux ne se devoit
Que lorsque Catherine, avecque sa prudence,
Par naturel amour gouverne nostre France,
Ce qui est arrivé pour faire reflorir
L'ancienne vertu, qui s'en alloit périr.
Pour ce, va t'en vers elle, et humblement luy
[offre,
Ta compleinte et tes vers, ce trésor de ton coffre.
Elle est douce et bénigne, et à la royauté
Ensemble elle a conjoint l'honneste privauté
Et à l'autorité la douceur, qui égale
A sa facilité la majesté royale :
Puis ce règne n'est pas comme l'autre passé,
Où le bien de l'église estoit mal dispensé;
Soubs la Royne, aujourd'huy, règne une autre police

Où raison et le droit commandent sur le vice.
Jamais devant ses yeux homme n'a présenté
Un ouvrage excellent, qui ne fust contenté,
Elle se souvenant des vertus de sa race
Que Phœbus a conceu sur le haut du Parnasse,
Laquelle a remis sus les lettres et les arts
Et la Grèce, laissée à l'abandon de Mars ;
Sans cette noble race, en oubli fust Athènes,
Et tant de noms fameux sacrez par tant de
[peines :
Platon, Socrate, Homère, eussent esté occis
D'une éternelle mort, sans ceulx de Médicis [1] !

Amadis Jamin, le disciple favori, le fils d'adoption de Ronsard, résume à son tour, dans le portrait suivant, toutes les qualités qu'il admire dans Catherine de Médicis et surtout cette merveilleuse dextérité d'esprit qui lui permet, malgré les continuels soucis que lui cause la direction des affaires politiques, de témoigner aux lettres une constante sollicitude ; il place sa Muse sous sa haute protection :

O sage Royne, excellente en vertus
Dont vous avez nos malheurs combattus,

1. *Œuvres* de Ronsard, t. III, *le Bocage royal*

Digne ici bas qu'ores on vous adresse
Honneurs divins comme à nostre Déesse,
J'admire en vous mille présens divers
Que je ne puis exprimer en mes vers
Tant me fait pauvre une essence infinie !
L'esmail divers d'une belle prairie
Présente ainsi mille fleurs à nos yeux
Lorsque tout rit au printemps gracieux,
Et ne sçait-on laquelle plus on prise
Tant à l'égal le ciel les favorise.
Soit que Bellonne embrase nos citez,
Soit que la paix bride nos volontez,
Vostre prudence, en bons conseils fertile,
A tous les temps, en tous lieux, est utile,
Et si, vostre œil, vigilant, sans pareil,
Voyant partout, comme le grand soleil,
Prend garde encore sur la belle conduite
Du sainct troupeau qui marche à vostre suite [1].
Ainsi Pallas, la Déesse des arts
Va quelquefois au mestier des soudars [2],
Et puis revient aux ouvrages de laine
D'or et de soye, entre-meslant sa peine :
Mesme plaisir souvent peult ennuyer
Et le travail nous plaist au varier
Or c'est à vous, tant haute de mérites,
Qu'on doit offrir les belles marguerites [3],
Non aux esprits qui n'ont l'entendement

1. Les filles de France et les dames de la cour de la reine mère.

2. Des soldats des armes : ce mot ne se prenait pas alors en mauvaise part.

3. Les belles perles, du latin *margarita*.

Qu'à se soüiller aux fanges, bassement,
Et c'est pourquoi, d'humble vœu, je dédie
A vos honneurs mes Muses et ma vie,
Car, dédier à Vostre Majesté
Ce que Phébus d'excellent a chanté,
C'est le sacrer au lieu que Phébus aime,
A la vertu, à la Déité mesme[1]*!*

Jean-Antoine de Baïf nous dépeint Catherine de Médicis mettant à profit l'isolement et la retraite auxquels la condamnait l'inconstance de Henri II pour s'adonner au culte des Muses françaises :

... Le plant commun incontinent foisonne
Prompt à germer, mais la semence bonne
Du sang royal, tardive le produit
Quand elle doit porter quelque bon fruit[2].
Contre le ciel longuement indignée
Tu désiras une douce lignée ;
Mais tout ce tems ton esperit gentil
Ne laissa pas couler l'âge inutil :
Mais, *le prouvant vraiment de ton lignage,*
Tu consolas ton généreux courage,

1. *Les œuvres poétiques* d'Amadis Jamin, t. Ier, livre Ier, p. 14.
2. On se souvient que Catherine n'accoucha du dauphin qu'après dix années de mariage.

Qui fut orné des présents gracieux
Des doctes Sœurs, soulas soulacieux
Qui, le donnant dès lors quelque alégeance
De tes ennuis, t'acquit la sufisance[1].

Baïf, qui avait dédié à Catherine de Médicis deux de ses poëmes, *Pyrame et Thisbé*, *les Météores*, la supplie de ne pas lui retirer sa faveur qui seule soutient son courage :

... Vous mère de nos Roys, ô Royne Catherine,
La colonne et l'appuy, contre toute ruine,
De l'Empire François, vous dont le sage soin
Sur tout ce grand royaume apparoit au besoin
Animant la vertu par digne récompense
Et rembarrant le mal en sa pleine licence,
Et, quand vous unissez de nos princes les cœurs,
De douces amitiez éfaçant les rancœurs,
O Mère de la France ! achevez, libérale,
Cet ouvrage, entrepris sous vostre main royale !
Prestez vostre faveur à ce commencement,
Donez à ma fortune heureux avancement[2].

Dans le sonnet suivant, Baïf décerne à la reine mère l'honneur d'avoir sauvé

---

1. *Poëmes* de Baïf, VIIIe livre, p. 22.
2. *Œuvres en rymes* de Baïf. Paris, Lucas Breyer 1583, p. 2. *Les Météores.*

les lettres menacées par les fureurs de la guerre civile :

TABLEAU DE LA ROYNE MÈRE.

Quel tableau vois-je ici, plein de divinité?
Passant, dy que tu vois tout l'honneur de nostre
[âge. —
Comment? Je ne l'enten, si ne dis davantage. —
Tu vois toutes vertus sous peinte humanité! —
Quelle Dame est-ce icy? — C'est une Majesté! —
Pourquoy en dueil piteux? — D'une Royne en veu-
[vage. —
Qui sont ces quatre, à part, chacune en son image? —
C'est Espérance et Foy, Justice et Charité. —
Qui sont ces sept auprès? — Sont les arts libéraux
Qu'avecque les vertus celle Dame rassemble
En sauveté, chez soy, par ce temps plein de maux.
Donc rapporte, estranger, que le peintre, voulant
Monstrer l'estat où sont arts et vertus ensemble
A peint cette grand'Royne en cet habit dolent[1].

Les Muses que la reine mère avait si constamment favorisées pendant sa vie, ne pouvaient refuser un suprême tribut à sa mémoire. Nous avons vu l'Arioste célébrer la naissance de Catherine de Médicis, l'Arétin, le Tasse,

1. *Passe-temps*, p. 2.

Ronsard, Belleau, Baïf, Jamin et bien d'autres chanter sa jeunesse et son âge mûr : nous trouvons encore un poëte pleurant sur cette tombe où personne ne venait s'agenouiller. Jean Bertaut fut le dernier courtisan de la reine mère. Nous citerons le fragment suivant du long poëme qu'il a consacré à son éloge :

Peuples ! ceste princesse à qui, depuis trente ans,
Mille flots de malheur la France tourmentant,
Ont servy de tesmoins en l'honneur qu'on luy
[donne
D'avoir forcé l'orage et sauvé la couronne,
Cet astre florentin partout resplendissant
Et dont les feux, conjoints par les feux d'hyménée,
A trois de nos soleils la naissance ont donnée,
Cet illustre ornement du sang de Médicis
Qui rendoit de son los les plus clairs obscurcis,
Ceste Royne, immortelle autant que la mémoire,
Peut rendre un nom vivant par l'âme de la gloire,
Femme du plus grand Roy, mère des plus grands
[Roys,
Dont le genouil fléchisse à l'honneur de la croix,
O peuples, elle est morte, et semble qu'avec elle
Est morte, en mesme lict, la paix universelle !...
Et vous, peuples Français, qui passez en malheur
Tous les peuples du monde aussi bien qu'en
[valeur,

Perdant, par ceste mort, la plus ferme colonne
Sur qui se reposoit le faix de la couronne,
Jettez mille soupirs et publics et secrets
Et faites le deuil mesme et les mesmes regrets
Que la douleur enseigne en semblable misère
Aux enfants demeurez orphelins de leur mère ;
Car je puis bien ainsi justement surnommer
Celle qui se laissait en vivant consumer
Au soin de rendre un jour la France soulagée
Du fardeau des malheurs dont nous l'avions chargée ;
Qui, d'un cœur pitoyable et vrayment maternel,
Nourrissant en son âme un désir éternel,
D'y voir florir l'olive et rouiller le heaume,
Fut mère et de nos Roys et de nostre royaume,
S'exposoit aux périls pour n'y voir rien périr,
Le privoit de repos pour nous en acquérir
Et, sage, nous estoit ce qu'est un bon pilote
A la nef qui, sans ancre, en la tempeste flote,
Ou ce qu'est au malade aspresment tourmenté
La main qui peut et veut luy rendre la santé.
Jamais le ciel ne veit un plus noble courage,
Ny dans le plus parfait d'aucun mortel ouvrage
Dieu n'illustra jamais avec tant de splendeur
De royables vertus la royale grandeur.
Aussi fut-ce une estoille en clarté renommée
Qui, pour guider trois Roys fut çà-bas allumée,
Mais de qui le bel astre a cessé d'esclairer
Au temps que le besoin nous faisoit désirer
Que sa vie, excédant sa borne naturelle,
Fust non seulement longue ains du tout immor-
[telle ;
Pleine d'une grande âme à qui n'eut pu suffire,
Pour l'occuper du tout, le soin d'un seul empire,
Elle a si sagement guidé, par ces destroits,

La nef et de la France et de nos jeunes Roys,
Qu'il faut clorre les yeux aux tableaux de l'histoire
Ou voir luire partout les rayons de sa gloire[1].

L'indifférence de Henri III pour sa mère n'était alors un mystère pour personne. Les louanges hyperboliques de Bertaut ne furent donc point inspirées par le désir de plaire au Roi ; elles ne peuvent avoir été dictées que par un sentiment de gratitude sincère et, pour se l'expliquer, on doit songer à la situation exceptionnelle que, malgré sa disgrâce, la reine mère sut conserver jusqu'à son dernier jour.

Catherine de Médicis groupa et retint constamment autour d'elle l'élite du pays. Les capitaines, les diplomates, les poëtes les plus illustres de

---

[1]. *Premier Recueil des œuvres poétiques* de J. Bertaut, abbé d'Aunay et Premier aumosnier de la Royne. Paris, L'Angelier, 1605, 8°, t. I, p. 168 et suivantes.

France avaient gardé l'habitude de se réunir auprès de cette princesse qui, seule, représentait pour eux les grandes traditions du temps du roi-chevalier.

« Quand elle a esté morte, écrit Brantôme, on a dict par vive voix que la *cour n'estoit plus la cour, que jamais plus il n'y auroit en France une royne mère*.... Sa chambre, ajoute-t-il, n'estoit nullement fermée aux honnestes dames et honnestes gens, voire à tous et à toutes ne la vouloit resserrer à la mode d'Espagne ny d'Italie, son pays, ny mesme comme nos autres roynes Elisabeth d'Autrische et Loyse de Lorraine ont faict, disant que, tout ainsy que le roy François, son beau-père, qu'elle honoroit fort, la luy avoit dressée et faicte libre, qu'elle la vouloit ainsy entretenir *à la vraye Françoise*, sans en rien innover ny réformer, et que ainsy aussy le roy son mary l'avoit voulu. Aussy *sa chambre estoit tout le plaisir de la cour*[1]. »

La reine mère resta jusqu'à la fin *femina superbi luxus*, comme dit de Thou, la femme la plus célèbre qui fut jamais par son luxe et par sa munificence. « Elle avoit, dit encore Brantôme, le cœur tout libéral, tout magnifique et tout pareil à celuy de son grand-oncle le pape Léon X, et du magnifique seigneur Laurent de Médicis, car elle despensoit et donnoit tout[2]. » Montaigne vante le soin et l'intérêt que Catherine de Médicis apporta toujours à l'exécution des grandes entreprises de travaux publics réclamées par les besoins des populations, ordonnant de construire des églises, des hôpitaux, des ports, des voies nouvelles, et ne se laissant arrêter que par l'état obéré de

---

1. Brantôme, édition Sambix, Leyde, in-12, 1665. *Dames Illustres.* — *Catherine de Medicis*, p. 88.
2. *Idem*, p. 78.

sa cassette privée, « en quoy, dit-il, nostre royne Catherine tesmoigneroit à longues années sa libéralité naturelle et munificence, si ses moyens suffisoient à son affection [1] ».

Peu de temps après la mort de la reine mère, Henri III consultant un jour le maréchal de Biron sur les moyens qui lui semblaient propres à rendre à son entourage un peu de cette politesse et de ce grand air qui faisaient le charme de la vieille cour, M. de Biron lui répondit : « Il n'est pas en vostre puissance, ny de roy qui viendra jamais, si ce n'est que vous fissiez tant avec Dieu qu'il vous fist ressusciter la royne vostre mère pour vous la ramener telle » ; « mais, ajoute Brantôme, ce n'estoit pas cela que le roy demandoit [2] ».

---

1. Montaigne, *Essais*. Édition Lefèvre, t. IX, livre III, chapitre VI, p. 373.
2. Brantôme. *Dames illustres*. — *Catherine de Médicis*, p. 108.

Le maréchal de Biron ne s'était point trompé. La poésie, avec Amadis Jamin, Ronsard, Baïf, Belleau et Bertaut; la peinture, le dessin, l'émail et la céramique, avec Clouet, les Dumonstier, Benjamin Foullon, Corneille de Lyon, Palissy, Limosin et leurs émules; la sculpture, avec Jean Goujon et Germain Pilon; l'architecture, avec Philibert Delorme, Chambiche et Bullant, durent au goût éclairé de Catherine de Médicis la continuité de l'admirable essor qui marque une période unique dans nos annales. Les lettres pourront briller un jour d'un éclat encore plus pur, mais la France n'a jamais connu d'époque plus féconde et plus prospère que celle qu'on a justement appelée *la Renaissance*, car elle transplanta et fit revivre les grâces de l'antiquité sur le sol gaulois, où le style gothique, après avoir longtemps régné sans partage, s'éteignait en proie à une irrémédiable décadence. Dans ce mouvement général des esprits, qui exerça sur les destinées et sur l'avenir du pays une influence si considérable, Catherine de Médicis garde, à côté de François Ier, un rang qui n'appartient qu'à elle, et dont rien ne la saurait déposséder. Brantôme s'est montré encore plus historien que courtisan, quand il l'appelle « *cette royne faicte de la main du grand roy François* ». Elle a compris qu'une place privilégiée était assignée à la France, à travers les siècles, dans ce champ sans bornes de l'idéal, où l'Inde, l'Égypte, la Grèce et l'Italie ont creusé tour à tour de si profonds sillons. Les savants, les poëtes, les artistes, si cruellement éprouvés par la mort de François Ier, retrouvèrent auprès de cette princesse une protection efficace et de constants encouragements. « La royne Catherine,

1. *Idem*, p. 107.

dit également le Père Hilarion de Coste, fit fleurir les lettres et les arts mécaniques, l'architecture, la peinture et la sculpture ; mais on ne sçaurait assez la loüer pour avoir suivi l'exemple des princes de sa maison, qui ont servy de refuge aux Muses de la Grèce, chassées et bannies de Constantinople et de l'Orient, par la barbarie des Othomans, favorisé les hommes doctes et sçavans, et d'avoir, avec une royale despense digne de la belle-fille du grand roy François, le père et le restaurateur des lettres, envoyé quérir en Grèce les plus rares manuscrits en toutes sortes de langues[1]. »

Le rôle politique de Catherine de Médicis est désormais jugé : son nom restera toujours souillé d'une tache ineffaçable, car elle a fait verser le sang français. N'oublions point, toutefois, que

[1]. *Éloges des dames illustres,* par le R. P. Hilarion de Coste. — *Catherine de Médicis.*

ceux même qui se sont montrés les plus sévères dans l'appréciation des actes de cette princesse, ont su reconnaître les éminentes qualités d'esprit qui distinguaient la reine mère : cet hommage à la sincérité de l'histoire n'atténue en rien la juste réprobation que leur inspirent les forfaits qu'elle s'est laissée entraîner à commettre. Un seul exemple suffit à le prouver : il émane d'un des hommes d'État les plus célèbres des temps modernes ; le témoignage d'un contemporain de Catherine de Médicis, illustre entre tous par son austère intégrité, viendra le confirmer.

M. Guizot, qu'on ne soupçonnera point de partialité envers la reine mère, apprécie ainsi son caractère :

« Au point de vue moral, dit-il, on ne saurait juger trop sévèrement Catherine de Médicis : corrompue et corruptrice, froide et légère dans le crime, perfide et changeant incessamment de perfidie, capable de tout faire pour le plaisir de remuer et de dominer. *Mais à travers tant de vices, Catherine eut des mérites; elle prit à cœur la royauté et la France; elle défendit de son mieux, contre les Guises et l'Espagne, l'indépendance de l'une et de l'autre, ne voulant les livrer ni aux partis extrêmes ni à l'étranger.* Catherine pouvait admettre des concessions à la liberté religieuse, non par justice et comme un droit, mais comme une nécessité préférable aux excès de la guerre civile ou de la tyrannie. Elle prit L'Hospital pour ministre et le soutint assez longtemps contre les fanatiques. Ce n'est pas le cardinal de Richelieu qui a inventé de s'allier avec les protestants de l'Allemagne ou du Nord, pour maintenir ou élever la France contre l'Autriche. François Ier avait commencé contre Charles-Quint cette politique; Catherine la pratiqua contre Philippe II. *Esprit naturellement modéré et libre, sa foi n'étouffait pas son bon sens et au milieu de ses trahisons et de ses cruautés, elle ne perdait jamais de vue la royauté et la France, leur sûreté et leur grandeur.* Elle eut sa part dans le travail de la politique qui les sauva enfin des factions et de l'étranger[1]. »

M. Guizot, quoique protestant, ose déclarer que la reine mère était un *esprit naturellement modéré*. Le chancelier de L'Hospital, chef du parti de la conciliation, nous en apporte la preuve, dans des vers latins que la France n'aurait pas dû oublier, lorsqu'il s'écrie, s'adressant à François II :

« *At genitrice tua quæ fœmina mitior ulla est in terris*[2] ? »

---

[1]. Guizot. *Introduction à l'histoire de la fondation de la République des Provinces-Unies*, p. 77 et 78.

[2]. *Michaelis Hospilalii Galliarum Cancellari Epistolarum seu Sermonum libri sex, altera editio.* Lugduni, per Hugonem Gazeium 1592. — *De sacra Francisci II Galliarum regis initiatione*, etc., p. 304.

M. Guizot affirme que Catherine *ne perdait jamais de vue la royauté et la France, leur sûreté et leur grandeur*, et L'Hospital félicite le roi d'avoir une mère qui confond son fils et le royaume dans ses affections :

« *Mater Regni et Regis amans*[1]. »

La justice que Michel de L'Hospital et M. Guizot n'ont par craint de rendre à Catherine de Médicis, envisagée par eux comme souveraine, lui doit être, à plus forte raison, rendue de nos jours, lorsqu'on se borne à constater son influence personnelle sur les lettres de notre pays. Au moment où parlait le chancelier de France, les cadavres des victimes immolées par de cruelles guerres civiles étaient à peine refroidis : à l'époque où écrivait M. Guizot, l'état des

---

1. *Idem.* — *Ad Vidum Fabrum.*

esprits surexcités par des luttes parlementaires récentes et acharnées, donnait à ses déclarations une portée qui ne pouvait échapper à ce ministre aussi mesuré dans sa parole que prudent dans ses actes. L'expression de notre pensée, dégagée des influences contemporaines, peut aujourd'hui se manifester librement. L'heure n'est-elle pas venue pour la postérité, qui rend ses arrêts sans passions et sans haine, de discerner, ainsi qu'ils l'ont fait, ce qu'il y eut de grand dans le caractère de la reine mère? On ne saurait désormais, sans fausser l'histoire, méconnaître l'amour passionné de Catherine de Médicis pour les belles lettres et pour l'art le plus élevé.

Henri II, interrogeant un jour Lescot sur le sens allégorique attaché à la Renommée ailée, sonnant de la trompette, qui décorait une des façades intérieures de la cour du Louvre, l'illustre architecte déclara « *que, par cette figure, il entendoit Ronsard, et, par la trompette, la force de ses vers, et principalement la Franciade, qui pousseraient le nom du roy et celuy de la France par tous les quartiers de l'univers*[1] ». La reine, qui était présente, n'oublia jamais cette réponse de Pierre Lescot. Plus tard, à

---

1. *Vie de Ronsard,* par Claude Binet, p. 136 et 137. Ronsard, qui tenait l'anecdote de Lescot lui-même, avec lequel il était fort lié, l'a consignée dans une épître qu'il lui adressa :

Il me souvient, un jour, que ce prince, à la table,
Parlant de la vertu comme chose admirable,
Disoit « que tu avois de toy-mesmes appris
Et que sur tous aussi tu emportois le prix,
Comme a fait mon Ronsard qui, à la poésie,
Maugré tous ses parens, a mis sa fantaisie ».
Et, pour cela, tu fis engraver, sur le haut
Du Louvre, une Déesse à qui jamais ne faut
Le vent, à joue enflée au creux d'une trompette
Et la monstras au roy, disant qu'elle estoit faite
Exprès pour figurer la force de mes vers
Qui, comme vent, portoient son nom par l'univers.

(*Œuvres* de Ronsard, t. VI, p. 192 et 193. *Les Poesmes. A Pierre l'Escaut.*) On peut admirer encore aujourd'hui cette charmante Renommée

l'époque de la construction des Tuileries, Ronsard ayant voulu pénétrer dans le palais à la suite de Catherine de Médicis, Philibert Delorme, que le poëte avait raillé en divers endroits de ses œuvres[1],

ailée sculptée par Jean Goujon, à droite de l'œil-de-bœuf qui surmonte la porte de la salle des Cariatides la plus rapprochée de la Seine, en face d'une autre figure de femme tenant une palme à la main.

1. Dans la pièce intitulée : *Discours contre fortune,* Ronsard avait fait allusion aux trois abbayes dont jouissait Philibert Delorme, disant :

> ... Je ne suis ny veneur ny *maçon,*
> Pour acquérir du bien en si basse façon,
> *Et si, ay faict service autant à ma contrée*
> *Qu'une vile truelle à trois crosses timbrée !*

(*Œuvres* de Ronsard, t. VI, p. 166.) Il exprime la même pensée satyrique dans le sonnet suivant, désigné par Claude Binet sous le titre : *la Truelle crossée :*

> Penses-tu, mon Aubert, que l'empire de France
> Soit plus chéri du ciel que celuy des Médois,
> Que celuy des Romains, que celuy des Grégeois,
> Qui sont, de leur grandeur, tombés en décadence ?

fit fermer les portes devant lui[1]. La reine ayant été informée de cet incident, adressa les plus vifs reproches à Delorme : « Souvenez-vous, lui dit-elle assez haut pour être entendue de toute la cour, que *les Tuileries sont dédiées aux Muses*[2] ! »

Catherine de Médicis est restée fidèle

Nostre empire mourra, imitant l'inconstance
De toute chose née, et mourront quelquefois
Nos vers et nos escrits, soit latins, soit françois,
Car rien d'humain ne fait à la mort résistance !
Ah ! il vaudroit mieux estre architecte ou maçon,
Pour richement tymbrer le haut d'un écusson
D'une *crosse* honorable en lieu d'une *truelle !*
Mais, de quoy sert l'honneur d'escrire tant de vers,
Puisqu'on n'en sent plus rien quand la Parque cruelle
Qui des Muses n'a soin, nous a mis à l'envers ?

(*Œuvres* de Ronsard, t. VIII, p. 139.)

1. Ronsard, pour se venger, crayonna sur la porte fermée du palais en les abrégeant ainsi : *Fort. reverent. habe,* ces mots d'une épigramme d'Ausone : *Fortunam reverenter habe,* disant qu'ils s'appliquaient également à l'abbé de Livry, qu'on les lût en français ou en latin, « le renvoyant là pour apprendre à respecter sa première et vile fortune et ne fermer la porte aux Muses ». (*Vie de Ronsard*, par Claude Binet, p. 144.)

2. *Ibid.*

à cet engagement de sa jeunesse : elle a continué en France l'œuvre si glorieusement inaugurée à Florence par son bisaïeul Laurent le Magnifique. Un siècle avant Louis XIV, Catherine a senti l'incomparable prestige des lettres et des arts sur un peuple enthousiaste et généreux. La reine mère ne s'est point contentée du rôle de Mécène; afin de se trouver mieux en mesure d'apprécier le talent des poëtes auxquels elle accordait son appui, cette princesse a voulu partager leurs travaux. Elle avait donc conquis le droit de dire hautement que, sous son règne, les Tuileries étaient *dédiées aux Muses*.

Malgré la juste répulsion qu'inspire la conduite politique de Catherine de Médicis, nous avons estimé que l'examen des essais poétiques de la reine mère, en révélant un côté jusqu'alors ignoré de son caractère, offrirait un réel intérêt aux esprits impartiaux. L'histoire ne saurait s'étonner des contradictions qui forment le fond de la nature humaine : exempte de préjugés, elle ne redoute que l'erreur, ne proscrit que le mensonge et ne recherche que la vérité.

CE LIVRE
DÉDIÉ AVX BIBLIOPHILES FRANÇAIS
A ÉTÉ IMPRIMÉ AVEC LES CARACTÈRES DE
A. LAHVRE AVX FRAIS ET PAR LES
SOINS DE LÉON TECHENER LIBRAIRE
DEMEVRANT RVE DE L'ARBRE-
SEC PRÈS LA COLON-
NADE DV LOVVRE
M DCCC LXXXIV

EXTRAIT DU CATALOGUE

DES

ÉDITIONS

ET

PUBLICATIONS NOUVELLES

QUI SE TROUVENT A LA LIBRAIRIE

DE

LÉON TECHENER

RUE DE L'ARBRE-SEC, 52

AU PREMIER

(près la colonnade du Louvre)

PROSPECTUS

DU

BULLETIN

DU

BIBLIOPHILE

ET DU

BIBLIOTHÉCAIRE

PUBLIÉ

AVEC LE CONCOURS

D'HOMMES DE LETTRES BIBLIOPHILES

Revue mensuelle d'histoire littéraire, de bibliographie, de biographie, et d'histoire, contenant des notices, des articles, des communications et des travaux qu'on chercherait en vain ailleurs ; le tout rédigé par des savants, des bibliophiles et des écrivains spéciaux.

Ces archives de la Bibliographie contemporaine offrent aux hommes studieux et aux esprits découvreurs, que les circonstances de position tiennent loin du centre d'émission et de publicité, un moyen sûr de perpétuer des curieuses anecdotes historiques et littéraires, qui sont autant de révélations. Elles ont fourni aux Bibliothécaires l'occasion de relever l'éclat des collections qui sont remises à leurs soins par des descriptions pleines d'intérêt; aux Bibliophiles et aux Libraires, une espèce d'exposition périodique où viennent s'étaler, sous les yeux de l'Europe savante, les trésors ignorés qui restent enfouis dans leurs collections ou dans leurs magasins. Toutes les notices relatives à la philologie, à la littérature, à l'histoire, à la bibliographie, ou qui peuvent intéresser l'histoire des livres, y sont admises après avoir reçu l'aveu du comité de rédaction, sous la seule condition de se renfermer dans des bornes assez restreintes pour ne pas porter préjudice à la variété du recueil.

La longue carrière parcourue par le *Bulletin du Bibliophile* est due, nous sommes heureux de le constater, à l'honorable et persistante bienveillance des souscripteurs, ainsi qu'au concours empressé des hommes studieux de la France et même de l'étranger, qui n'ont pas cessé de prendre une part active à la rédaction de ce recueil essentiellement bibliographique. Nous espérons que cette bienveillance ne nous fera jamais défaut; car nous chercherons toujours, par des améliorations successives, à mériter l'approbation du public d'élite auquel nous nous adressons, et à conserver les sentiments affectueux de nos souscripteurs.

Léon Techener.

Abonnements :

Pour Paris, 12 fr. — Pour la Province, 14 fr. — Pour l'Étranger, 16 fr.

LES ABONNEMENTS

AU

BULLETIN DU BIBLIOPHILE

ET DU

BIBLIOTHÉCAIRE

Commencent le 1ᵉʳ Janvier.

1° Les nᵒˢ ne sont pas vendus séparément.

2° A la fin de l'année et sauf avis contraire, tout abonnement est renouvelé *d'office*.

3° A partir du 15 Mars, nous faisons toucher le montant des quittances à domicile, par la poste, moyennant un supplément de 50 centimes pour les frais de recouvrement.

4° Nos *Catalogues* de *Librairie ancienne* à prix marqués publiés sous le titre de *Bibliopoliana* et ceux des *Ventes publiques* faites par la maison, sont envoyés gratuitement aux abonnés.

Nota. — Chaque année forme, avec un titre et une table livrés avec la dernière livraison, un beau vol. in-8 de 600 pages, dont le prix pour les non-souscripteurs est porté à QUINZE francs.

EN VENTE

PLUSIEURS EXEMPLAIRES COMPLETS

DE LA COLLECTION DU

BULLETIN DU BIBLIOPHILE

ET

DU BIBLIOTHÉCAIRE

Revue mensuelle (deuxième période)

1865 à 1883

Publiée par M. Léon Techener

Avec le concours de Ch. Asselineau, L. Barbier, Ed. de Barthélemy, Baudrillart, Prosper Blanchemain, Jules Bonnassies, J. Boulmier, Ap. Briquet, Gust. Brunet, J. Carnandet, F. Colincamp, Pierre Clément, comte Clément de Ris, Cuvillier-Fleury, doct. Desbarreaux Bernard, A. Destouches, Firmin Didot, A. Ernouf, Ferdinand Denis, Alf. Franklin, prince Auguste Galitzin, J. de Gaulle, Ch. Giraud, Paul Lacroix, Leroux de Lincy, A. de Longpérier-Grimoard, Fr. Morand, Paulin Paris, Gaston Paris, baron Jér. Pichon, Silv. de Sacy, Francis Wey, etc., etc., 1865 à 1883; 19 années en 18 vol., br., avec tables. 270 fr.

(Facilités de payement pour la collection entière)

ÉDITIONS DE M. SILVESTRE DE SACY

DE L'ACADÉMIE FRANÇAISE

(*avec préfaces littéraires.*)

---

1. L'IMITATION DE JÉSUS-CHRIST, fidèlement traduite du latin par Michel de Marillac, garde des sceaux de France. Nouvelle édition soigneusement reueüe et corrigée. 1 vol. in-16. 6 »

    Papier de Hollande (*tiré à 100 exemplaires*); un volume. 15 »

2. INTRODVCTION A LA VIE DÉVOTE du bienheureux François de Sales (dans son ortographe originale). Nouuelle édition reueüe. 2 vol. in-16. 12 »

    Papier de Hollande (*tiré à 100 exemplaires*); les deux volumes. 30 »

3. LETTRES DE PIÉTÉ ET DE DIRECTION écrites à la sœur Cornuau par Bossuet, suivies du Traité de la Concupiscence par le même, et précédés d'une préface; 2 volumes in-16. 12 »

    Papier de Hollande (*tiré à 100 exemplaires.*) Les deux volumes. 30 »

4. **CHOIX DE TRAITÉS DE MORALE CHRÉTIENNE DE DUGUET**: *Explication de l'ouvrage des six jours.* — *Traité de la prière publique*, 2 volumes in-16.   12 »

    Papier de Hollande (*tiré à 100 exemplaires*); les deux volumes.   30 »

5. **SERMONS CHOISIS DE BOSSUET, DE BOURDALOUE ET DE MASSILLON**, contenant les principes de la foi et les règles de la vie chrétienne, 3 gros volumes in-16.   18 »

    Papier de Hollande, 15 fr. le vol. (*tiré à 100 exemplaires*).   45 »

6. **LE NOUVEAU TESTAMENT DE NOTRE-SEIGNEUR JÉSUS-CHRIST**, traduit en français par Mesenguy ; nouvelle édition. 3 gros vol. in-16.   18 »

    Papier de Hollande, 15 fr. le vol. (*tiré à 100 exemplaires*.)   45 »

M. de Sacy a jugé que cette traduction était la meilleure, la plus exacte et la plus purement écrite en français : il n'y a que le texte du Nouveau Testament, c'est-à-dire *sans aucune note*.

7. **BOSSUET. TRAITÉ DE LA CONNAISSANCE DE DIEU ET DE SOI-MÊME**, suivi de l'exposition de la doctrine de l'Église catholique, publ. avec une introd. par M. Silvestre de Sacy. 1 vol. in-12.   6 »

    Grand papier de Hollande.   15 »

8. **DE L'ÉDUCATION DES FILLES**, par Fénelon, suivi de ses dialogues sur l'éloquence et de sa Lettre à l'Académie française, avec une introduction par M. Silvestre de Sacy, de l'Académie française. 1 vol. in-12.   6 »

    Grand papier de Hollande.   15 »

9. **PENSÉES SUR DIVERS SUJETS DE RELIGION ET DE MORALE**, par Bourdaloue, précédées d'une Introduction par M. Silvestre de Sacy, de l'Académie française. 2 vol. in-12 br. Prix : 12 »

    Grand papier de Hollande (15 fr. le volume). 30 »

10. **LETTRES DE SAINT FRANÇOIS DE SALES** adressées à des gens du monde, publiées avec une introduction de M. Silvestre de Sacy. 1 vol. in-12. 6 »

    Grand papier de Hollande. 15 »

11. **ÉLÉVATIONS A DIEU** sur tous les mystères de la Religion chrétienne, par Bossuet, revues et précédées d'une introduction par M. Silvestre de Sacy, de l'Académie française ; 2 vol. in-12. Prix : 12 »

    Grand papier de Hollande (15 fr. le vol.) 30 »

12. **LETTRES** de Marie de Rabutin-Chantal, marquise de Sévigné, à sa fille et à ses amis ; édition revue et publiée par M. Silvestre de Sacy, de l'Académie française. *Paris,* 1862-64 ; 11 vol. pet. in-8, deux portr. gravés à l'eau-forte par Jacquemart. 55 »

Edition de lecture, réputée la plus jolie, la plus commode et la mieux disposée. Tous les fleurons et entêtes de page ont été gravés sur les dessins de Jules Jacquemart ; édition avec notes historiques, philologiques, littéraires et éclaircissements nécessaires à la lecture des lettres de Mme de Sévigné, mais *dépourvue* des commentaires et des documents indispensables aux *Mémoires sur l'histoire de France* et aux ouvrages composés pour servir à l'histoire du règne de Louis XIV.

1.

13. SILVESTRE DE SACY, de l'Académie française. Deux articles sur l'histoire de Jules César (par l'Empereur Napoléon III). *Paris,* 1865 ; br. gr. in-8 de 35 pages, papier vélin.   3 50

Réimpression de ces deux articles publiés dans le *Journal des Débats.* Tiré à petit nombre.

14. SILVESTRE DE SACY. Rapport au Sénat sur la décadence de l'art dramatique, par M. S. de Sacy, de l'Académie française. *Paris,* 1866 ; br. in-8 de 16 pages.   2 »

Réimpression à petit nombre du rapport publié officiellement.

BIBLIOTHÈQUE SPIRITUELLE publiée par M. Silvestre de Sacy, avec notice à chaque ouvrage. 17 vol. format in-16, brochés.   120 »

— Papier de Hollande, tiré à cent exemplaires ; un exemplaire complet, br.   265 »

Cette collection choisie parmi les chefs-d'œuvre de la littérature chrétienne, en langue françoise, est ainsi composée : LE NOUVEAU TESTAMENT DE N. S. JÉSUS-CHRIST. 3 vol. — IMITATION DE J.-C., traduction du chancelier Michel de Marillac. 1 vol. — INTRODUCTION A LA VIE DÉVOTE, avec une notice inédite sur la vie et les ouvrages de saint François de Sales. 2 vol. — LETTRES SPIRITUELLES DE FÉNELON. 3 vol. — CHOIX DES PETITS TRAITÉS DE MORALE DE NICOLE. 1 vol. — LETTRES SPIRITUELLES ÉCRITES PAR BOSSUET, à la sœur Cornuau, suivies du TRAITÉ DE LA CONCUPISCENCE, par le même. 2 vol. — CHOIX DES TRAITÉS DE MORALE CHRÉTIENNE DE DUGUET. 2 vol. — SERMONS CHOISIS DE BOSSUET, DE BOURDALOUE, DE MASSILLON. 3 vol.

NOTA. Plusieurs volumes de cette collection sont épuisés et rares.

PUBLICATIONS DE M. PAULIN PARIS

MEMBRE DE L'INSTITUT.

---

15. **LES MANUSCRITS FRANÇAIS** de la Bibliothèque du roi. Description analytique et raisonnée des manuscrits françois que possède la Bibliothèque nationale, par Paulin Paris, de l'Institut. 7 vol. in-8 à 9 fr. 63 »

Ouvrage d'un haut intérêt littéraire et que devraient posséder toutes les bibliothèques publiques.

16. **LES GRANDES CHRONIQUES** de France. 1839 ; 6 vol. petit in-8. 28 »

Tous les hommes qui s'occupent de l'histoire de France sont obligés d'avoir sous la main ce récit original des faits de nos premiers rois ; c'est un livre aussi utile, aussi indispensable dans la bibliothèque d'un historien, d'un homme politique, et dans une bibliothèque publique, que le Code est indispensable à un homme de loi. Nous devons ajouter qu'en tête de cette nouvelle édition M. Paulin Paris a publié deux dissertations curieuses et très intéressantes sur ce monument historique. Les notes et les éclaircissements historiques dont le texte est accompagné rendent cette édition bien plus complète que les éditions anciennes, d'ailleurs presque introuvables aujourd'hui.

17. **LES ROMANS DE LA TABLE RONDE**, mis en nouveau langage et accompagnés de recherches sur l'origine et le caractère de ces grandes compositions, par Paulin Paris. 5 volumes format in 12, avec 10 figures gravées à l'eau-forte d'après les manuscrits originaux. Prix. 30 »

Il a été tiré 100 exemplaires sur papier de Hollande, dont le prix est de 15 fr. par volume.

Ce sont nos grandes épopées du moyen âge, les célèbres romans de chevalerie mis à la portée des gens du monde.

18. PARIS (Paulin), Garin Le Loherain, chanson de geste composée au xiie siècle par Jean de Flacy. *Paris,* 1862 ; in-12. 4 fr.

19. LES AVENTURES DE MAITRE RENART et d'Ysengrin, son compère, mises en nouveau langage, racontées dans un nouvel ordre et suivies de nouvelles recherches sur le roman du Renart, par Paulin Paris, membre de l'Institut. 1 vol. in-12. 4 fr.

20. LES HISTORIENS DES CROISADES, discours d'ouverture du cours de langue et de littérature du moyen âge au Collège de France, par Paulin Paris. *Paris,* 1858 ; br. in-8 de 23 pages. 2 fr. 50

Opuscule imprimé à 100 exemplaires.

21. LES CHANSONS DE GESTE, poèmes du xiie siècle, par Paulin Paris, de l'Institut. *Paris,* 1859 ; br. in-8 de 23 pages. 2 fr.

Discours d'ouverture du cours de langue et de littérature au moyen âge au Collège de France.

22. NOUVELLES RECHERCHES SUR LA VIE DE FROISSART et sur les dates de la composition de ses chroniques, par Paulin Paris, de l'Institut. *Paris,* 1860 ; br. in-8 de 28 pages. 2 fr.

23. LETTRE A L'OCCASION DES NOUVELLES RECHERCHES de M. Paulin Paris sur la vie et les ouvrages de Froissart, par Kervyn de Lettenhove (suivie d'observations sur cette lettre par M. Paulin Paris). *Paris,* 1860 ; br. in-8 de 22 p. 2 fr.

24. RÉPONSE AUX OBSERVATIONS DE M. PAULIN PARIS, par M. Kervyn de Lettenhove, suivie d'une dernière réplique de M. P. Paris. *Paris*, 1860; br. in-8 de 35 pages.
2 fr.

25. DE LA PARTICULE DITE NOBILIAIRE, mémoire lu à l'Académie impériale de Reims dans la séance publique du 31 juillet 1861, par M. Paulin Paris, de l'Institut, professeur au Collège de France. *Reims*, 1862; br. in-8 de 34 pages, papier vergé.
2 fr. 50

26. LA CHANSON D'ANTIOCHE, composée au commencement du xii⁰ siècle, par le pèlerin Richard, renouvelée sous le règne de Philippe-Auguste, par Grandor de Douay, publiée par Paulin Paris. *Paris*, 1848; 2 vol. petit in-8, papier vergé de Hollande.
20 fr.

Récit des événements de la première croisade, fait par un témoin oculaire.

27. NOUVELLE ÉTUDE SUR LA *CHANSON D'ANTIOCHE*. *Paris*, 1878; in-8 de 51 pages br.
3 fr. 50

Cette étude, vraiment remarquable, a été écrite à l'occasion d'une thèse présentée en 1876 à la Faculté des lettres de Paris. C'est une critique accompagnée de nouveaux éclaircissements sur une chanson de geste bien connue aujourd'hui, intitulée: *La Chanson d'Antioche* poème héroïque, relatant les principaux faits d'armes de la première croisade.

28. LES POÉSIES DE SAINT-PAVIN, les une revues sur les éditions précédentes, les autre publiées pour la première fois d'après les ma nuscrits contemporains, par P. Paris, de l'In stitut. *Paris*, 1861; in-8, papier vergé, br. ave le supplément, par Ed. Turquety.
6 fr

29. ASSELINEAU (Charles). Vie de Claire-Clémence de Maillé-Brézé, princesse de Condé (1628-1694), par Charles Asselineau. 1 vol. in-12 de 125 pages.   3 fr.

30. BORDIER ET MABILLE. Une fabrique de faux autographes, ou récit de l'affaire Vrain-Lucas, par MM. Henri Bordier et Emile Mabille. In-4, accompagné de 14 fac-simile des principaux documents mis en cause.   10 fr.

31. CHEVALIER (Abbé). Pièces historiques relatives à la châtellenie de Chenonceau, sous Louis XII, François Ier et Henri II, Diane de Poitiers et Catherine de Médicis, publiées pour la première fois d'après les originaux et avec une introduction, par l'abbé Chevalier, secrétaire de la Société archéologique de Touraine. 1864, 3 vol. in-8 de CLXXIX-198, 312 et 241 p.   24 fr.

Papier de Hollande, tiré à vingt-cinq exemplaires.   48 fr.

Cette publication, d'une véritable importance historique, s'ouvre par une introduction étendue où l'on trouve une description détaillée du château de Chenonceau, suivie d'une histoire intéressante des transformations successives qu'a subies cette habitation royale et des personnages qui l'ont possédée. Nous y avons remarqué particulièrement deux chapitres pleins de curieuses recherches traitant, l'un des protecteurs des arts en Touraine au XVIe siècle, l'autre du morcellement du sol, de l'agriculture et de la valeur des monnaies à la même époque. Le reste du premier volume est rempli par des pièces historiques au nombre de trente-sept, dont la plus ancienne est de l'an 1243 et la dernière de l'année 1742. Le tome second contient les « comptes des recettes et dépenses faites à Chenonceau par Diane de Poitiers, duchesse de Valentinois; » et le troisième, les « lettres de Philibert de l'Orme et autres pièces relatives à la construction de ce château. » Tous ces documents étaient inédits; ils seront consultés avec fruit par tous ceux qui s'intéressent à l'étude des mœurs et à l'histoire des arts.
(Didron, *Annales archéologiques*.)

32. DELPIT (Martial). Le Dix-huit mars, récit des faits et recherches des causes. Rapport officiel fait à l'Assemblée Nationale au nom de la Commission d'enquête sur l'insurrection, par M. Martial Delpit, député de la Dordogne. 1 vol. in-8 (de 42 feuilles), 658 pages.   8 fr.

Sur papier vergé, tiré à 100 exempl.   18 fr.

33. DINIZ (Antonio). Le Goupillon (O. Hyssope), poème héroï-comique d'Antonio Diniz, traduit du portugais par J.-Fr. Boissonade, membre de l'Institut, deuxième édition, revue et précédée d'une notice sur l'auteur par M. Ferdinand Denis; in-12 de LX-216 pages.   4 fr.

34. DUKAS (Jules). Recherches sur l'histoire littéraire du XVe siècle, par Jules Dukas. *Paris*, 1876; gr. in-8 de 120 pages, br.   4 fr.

Ce travail comprend Laurent Maioli, — Pic de la Mirandole, — Élie del Medigo. Il y a une bonne table à la fin.

35. GALITZIN (Prince A.). Vie d'une religieuse du Sacré-Cœur (1795-1843), par le prince Augustin Galitzin. In-12 br.   3 fr.

36. GALITZIN (Prince A.). Lettres inédites de Henri IV, recueillies et publiées par le prince A. Galitzin. 1 vol. gr. in-8 de XII-448 pages, pap. vergé, br.   9 fr.

La plupart de ces lettres sont aujourd'hui à la bibliothèque de l'Institut.

37. GALITZIN (Prince A.). Cosmographie moscovite, par André Thevet, recueillie et publiée isolément pour la première fois. In-16 de XVI et 179 pages, papier vergé.   8 fr.

38. GALITZIN (Prince A.). Discours merveilleux et véritable de la conqueste faite par le jeune Démétrius en 1605; nouvelle édition, annotée par le prince A. Galitzin. In-16 de xiv et 89 pages, papier vergé. 4 fr.

39. GALITZIN (Prince A.). Document relatif au patriarchat moscovite, 1589; traduit pour la première fois en français par le prince Augustin Galitzin. In-16 de 96 pages, papier vergé. 4 fr.

40. GALITZIN (Prince A.). Récit du sanglant et terrible massacre arrivé dans la ville de Moscou, ainsi que de la fin effrayante et tragique du dernier duc Démétrius, en 1606, traduit et publié pour la première fois par le prince Augustin Galitzin. In-16 de vi et 45 pages, papier vergé. 4 fr.

41. GALITZIN (Prince A.). Témoignage d'un contemporain sur saint Vladimir, publié pour la première fois en français par le prince A. Galitzin. In-16 de 76 pages, papier vergé. 4 fr.

42. GRIMBLOT (Paul). Souvenirs de Charles-Henri baron de Gleichen, précédés d'une notice par Paul Grimblot. 1868; in-12. 4 fr.

Intéressants mémoires relatifs aux règnes de Louis XV, de Louis XVI, au ministère du duc de Choiseul, etc. (1737-1807).

43. LES HISTORIETTES DE TALLEMANT DES RÉAUX, troisième édition, publiée avec notes et éclaircissements historiques par MM. Paulin Paris et de Monmerqué. 9 vol. in-8. 67 fr. 50

Seule édition originale, complète et sans suppressions; le texte a été revu et rétabli d'après le manuscrit autographe qui fait partie de la bibliothèque de S. A. R. Mgr le duc d'Aumale.

Nota. — Il a été tiré de cette édition des exemplaires sur GRAND PAPIER.

44. LES HISTORIETTES DE TALLEMANT DES RÉAUX, édition originale, revue sur le texte original et publiée par Paulin Paris et de Monmerqué. 1862 ; 6 vol. in-12.   24 fr.

Jolie édition portative et complète de ces curieux mémoires biographiques et anecdotiques, renfermant beaucoup de particularités et de détails intimes qui ne se trouvent point ailleurs, relatifs à des personnes du règne de Henri IV et Louis XIII.

45. D'HOZIER. Armorial de Champagne, ou recherches de la noblesse de Champagne, par Charles-René d'Hozier, sous la direction de M. de Caumartin, intendant de cette province. *Paris*. 1868 ; gr. in-4 de 128 pages, papier vélin. 8 fr.

Première partie, seule parue.

46. ISOGRAPHIE DES HOMMES CÉLÈBRES, ou collection de *fac-simile* de lettres autographes et de signatures, dont les originaux se trouvent à la Bibliothèque du roi. *Paris*, 1843 ; 4 vol. in-4, demi-rel. mar.   125 fr.

A cette édition on a joint une *Table alphabétique* indiquant les *prix* auxquels ont été portés, dans les ventes publiques, depuis 1820, les autographes ou signatures des personnages célèbres dont le nom figure dans l'Isographie.

47. JACQUEMART (Albert) et Ed. LE BLANT. Histoire artistique, industrielle et commerciale de la porcelaine, par Albert Jacquemart et Edmond le Blant, enrichie de 29 planches dessinées et gravées à l'eau-forte par Jules Jacquemart. *Paris*, 1862 ; 1 vol. in-fol. de 690 pages.
130 fr.

Très belle publication imprimée à Lyon par Louis Perrin, et due, pour le texte, à des recherches savantes et à des connaissances spéciales. — Il n'en reste que quelques exemplaires.

48. JAL. Souvenirs d'un homme de lettres (1795-1873). 1 vol. in-12 de 570 pages. 5 fr.

<small>Curieuses anecdotes par l'auteur du *Dictionnaire de biographie et d'histoire* couronné par l'Académie française, et de plusieurs ouvrages sur les arts, la peinture et l'archéologie.</small>

49. JOURNAL INÉDIT d'Arnauld d'Andilly (1614-1620), publié et annoté par Ach. Halphen. *Paris*, 1857 ; 1 vol. in-8 de xxi et 503 pages. 7 fr. 50

<small>Robert Arnauld d'Andilly était né à Paris en 1589, il est mort en 1674.</small>

50. LACROIX (Paul). Catalogue de la bibliothèque de l'abbaye de Saint-Victor au xvie siècle, rédigé par Rabelais, commenté par le bibliophile Jacob, et suivi d'un essai sur les bibliothèques imaginaires, par Gustave Brunet, membre de l'Académie de Bordeaux. 1862, un volume in-8, de xvi-406 pages. 7 fr. 50

Curieuse publication tirée à petit nombre; on a imprimé CENT *exemplaires* sur GRAND PAPIER VERGÉ. 12 fr.

Et CINQUANTE SUR GRAND PAPIER DE HOLLANDE. 20 fr.

51. LA FAYETTE (Madame de). La princesse de Clèves, suivie de la princesse de Montpensier, par Madame de La Fayette. *Paris, Didot*, 1815, 2 vol. in-16 papier fin. 5 fr.
Papier vélin. 10 fr.

52. LA ROCHETHULON (Marquis de). Du rôle de la garde nationale et de l'armée de Paris dans les préparatifs de l'insurrection du 18 mars : rapport spécial fait à la Commission d'enquête,

suivi de pièces justificatives, lettres et relation de la bataille de Buzenval, par M. le marquis de La Rochethulon, député de la Vienne ; grand in-8 de 220 pages. 4 fr.

Papier vergé, tiré à cent exemplaires. 8 fr.

53. LASTEYRIE (Madame de). Vie de Madame de Lafayette, par Madame de Lasteyrie, sa fille, et précédée d'une notice sur la duchesse d'Ayen, mère de Madame de La Fayette (1737-1807) ; un volume in-12. 5 fr.

54. LASTEYRIE (Mad. de). Life of Madame de Lafayette, by Madame de Lasteyrie her daughter, preceded by the life of the duchesse d'Ayen, by Madame Lafayette her daughter, translated from the french by Louis de Lasteyrie. 1 vol. in-12, 5 fr.

Joli volume ; traduction anglaise d'un volume qui a obtenu un grand succès en français.

55. LA VALLIÈRE (Duchesse de). Réflexions sur la miséricorde de Dieu, par la duchesse de La Vallière, suivies de ses lettres au maréchal de Bellefonds et à d'autres personnes, des sermons pour sa vêture et sa profession, par M. de Fromentières, évêque d'Aire, et de Bossuet ; édition revue, annotée et précédée d'une étude biographique par M. Pierre Clément, de l'Institut. 2 vol. in-12, fleurons et portrait de La Vallière, sur acier. 8 fr.

Papier Hollande, tiré à 50 exemplaires (épuisé). 30 fr.

56. **LÉVIS (de).** Maximes et Essais sur différents sujets de morale et de politique, par M. de Lévis, 4ᵉ édit. *Paris, de l'imp. de P. Didot,* 1811 ; 2 vol. in-18. 4 fr.

> M. de Lévis, connu par plusieurs ouvrages d'un mérite éminent, et dans lesquels il a su allier les grâces du style à la profondeur des pensées, est l'auteur de ce recueil, qui est destiné à prendre place à côté de nos premiers moralistes français, la Bruyère, la Rochefoucauld, le cardinal de Retz.

57. **MÉMOIRES DE PHILIPPE BOUDON, SIEUR DE LA SALLE (1623-1652),** publiés sur le manuscrit inédit, avec notes et introduction, par le comte de Baillon ; petit in-8, papier vergé. 8 fr.

Papier de Hollande. 16 fr.

> Jolie publication de bibliophile ; mémoires particuliers relatifs à l'histoire de France et très intéressants.

58. **MÉMOIRES DU MARQUIS DE CHOUPPES,** lieutenant général des armées du roi, suivis des Mémoires du duc de Navailles et de la Valette, pair et maréchal de France, et gouverneur de Monseigneur le duc de Chartres (1630-1682), revus, annotés et accompagnés de pièces justificatives inédites, par M. Célestin Moreau. *Paris,* 1862 ; in-8, xxvii-278-233 pages. 7 fr. 50

On a imprimé CENT *exemplaires* sur PAPIER VERGÉ. 12 fr.

Et CINQUANTE SUR GRAND PAPIER DE HOLLANDE. 20 fr.

> Ces mémoires contiennent beaucoup de détails sur l'affaire de Chalais, sur les campagnes du grand Condé, sur la journée de Fribourg, sur la campagne de Guienne, sur l'incapacité et l'insubordination de Marchin, la confiance aveugle du prince de Condé en lui, sur la ruine des affaires du prince, etc., et beaucoup d'éclaircissements aux Mémoires de La Rochefoucauld. Ce volume doit s'ajouter à toutes les collections de Mémoires sur l'histoire de France.

59. MOREAU (C.). Histoire anecdotique de la jeunesse de Mazarin, par C. Moreau, auteur de la *Bibliographie des Mazarinades.* 1 vol. in-12.
3 fr. 50

60. NODIER (Charles). Le prêtre marié, épisode de la Révolution française, par M. le comte de Poligny, précédé d'une introduction par Charles Nodier. In-12 de xliii-209 pages. 3 fr. 50

61. PEIGNOT. Relations de deux missions de Dijon, l'une en 1737, l'autre en 1824 ; édition corrigée et augmentée d'une notice sur l'origine des missions de France. *Dijon,* 1824 ; in-12 de 76 pages. 2 fr. 50

62. PEIGNOT. Recherches historiques sur l'origine et l'usage de l'instrument de pénitence appelé Discipline. *Dijon,* 1841 ; br. in-8 de 31 pages.
2 fr.

63. PEIGNOT. Choix de testaments anciens et modernes, remarquables par leur importance, leur singularité ou leur bizarrerie, avec des détails historiques et des notes. 2 forts vol. in-8. 15 fr.

Cet ouvrage, nouveau dans son genre, offre une galerie de tableaux et de caractères, aussi singulière que variée, aussi instructive qu'amusante.

64. PEIGNOT. Amusements philologiques, ou variétés en tout genre ; 3ᵉ édition, revue, corrigée et augmentée, par G. P. Philomneste, A. B. (Gabriel Peignot). *Dijon,* 1842 ; in-8 de 558 pages. 8 fr.

65. **PIETERS (Ch.).** Annales de l'imprimerie des Elzevier, 2ᵉ édition corrigée et augmentée. *Gand,* 1858 ; 1 vol. gr. in-8 à 2 col. 15 fr.

Catalogue de tous les livres imprimés par les membres de cette famille, depuis 129 ans, avec la liste de ceux qu'on leur attribue et de ceux qu'on annexe à leur collection.

66. **QUITARD (P.).** Études historiques, littéraires et morales sur les proverbes français, par P. Quitard. 1 vol. in-8. 7 fr. 50

Ces études offrent une lecture fort attrayante ; l'érudition y revêt la forme la plus accessible à tous. Tantôt l'auteur cite des anecdotes, des bons mots, des imitations heureuses ; tantôt il relève une foule de phrases et de vers que les écrivains auxquels on les attribue n'ont fait qu'emprunter à la littérature proverbiale. Spirituel, amusant, instructif, cet ouvrage nous semble avoir tout ce qu'il faut pour obtenir un légitime succès. (*Revue critique de M. Cherbuliez*)

67. **ROCHETTE (Raoul).** Monuments inédits d'antiquité figurée grecque, étrusque et romaine, par Raoul Rochette. *Imprimé avec l'autorisation du Roi à l'Imprimerie royale,* 1829 à 1833 ; un vol. grand in-fol., demi-rel. mar. 125 fr.

Ce magnifique ouvrage, d'une exécution splendide, se compose de plus de 100 planches. On doit penser tout le temps, tous les soins et tous les efforts qui ont été employés pour la publication d'un ouvrage aussi important et dont une faible annonce de catalogue ne peut donner une idée. Très bien relié.

68. **ROUARD.** Notice sur la bibliothèque d'Aix, précédée d'un Essai sur l'histoire littéraire de cette ville, sur ses monuments, etc., par E. Rouard, bibliothécaire. *Paris,* 1831 ; in-8 de 312 pages, br. 5 fr.

La bibliothèque de la Ville d'Aix a été fondée en 1786 par le marquis de Méjanes, qui, par testament, a légué toute sa bibliothèque pour *être rendue publique dans la ville d'Aix, capitale de la Provence.* En tête de ce volume se trouve le portrait gravé du marquis de Méjanes. Les notes qui terminent le volume sont très intéressantes ; on y remarque des détails sur les auteurs provençaux depuis les temps les plus reculés.

69. SAINT-EVREMOND. Œuvres mêlées de Saint-Evremond, revues, annotées et précédées d'une Histoire de la Vie et des ouvrages de l'auteur, par Charles Giraud, de l'Institut. 3 vol. petit in-8. 18 fr.

Voir sur cette importante publication l'article de M. de Sacy de notre catalogue analytique.

70. SCHWAB (Moïse). Les Incunables orientaux et les impressions orientales au commencement du XVIe siècle, rapport à M. le Ministre de l'Instruction publique sur une mission en Bavière et en Wurtemberg, par Moïse Schwab, de la Bibliothèque Nationale, 1883 ; in-8 de 138 pages, fig. sur bois. 6 fr.

71. SENSIER. Journal de Rosalba Carriera, pendant son séjour à Paris en 1720 et 1721, publié en italien par Vianelli, traduit, annoté et augmenté d'une biographie et de documents inédits sur les artistes et les amateurs du temps, par Alf. Sensier. 1 vol. petit in-8. 6 fr.

Papier vergé dit de Hollande. 15 fr.

72. STERN (Daniel). (La comtesse d'Agoult). Esquisses morales. Pensées, réflexions et maximes, par Daniel Stern ; 3e édition, augmentée et ornée du portrait de l'auteur gravé sur acier par Flameng ; in-12. 5 fr.

Le succès de ce petit livre répond aux éloges de la presse et dispense d'autre recommandation.

73. TECHENER (Léon). Répertoire universel de bibliographie, par Léon Techener, ou Catalogue général, méthodique et raisonné de livres rares et curieux ; 1 vol. in-8 de 753 pages. 10 fr.

74. **TISSOT.** De la santé des gens de lettres, suivi de l'Essai sur les maladies des gens du monde, par Tissot, édition annotée par le docteur Bertrand de Saint-Germain. 1 vol. in-12. 5 fr.

<small>Un des meilleurs traités d'hygiène, cet essai renferme aussi d'excellents conseils appuyés sur l'étude approfondie des organes physiques et des habitudes morales, et il est admirablement écrit.</small>

75. **VAUBLANC** (Vicomte de). La France au temps des Croisades, ou Recherches sur les mœurs et coutumes des François au xie et xiie siècles, par le vicomte de Vaublanc. 4 vol. in-8, papier vélin collé, avec plus de 80 vignettes gravées sur bois. 32 fr.

76. **VIEL-CASTEL** (Comte Horace de). Marie-Antoinette et la Révolution française ; recherches historiques par le comte Horace de Viel-Castel, suivies des instructions morales remises par l'Impératrice Marie-Thérèse à la reine Marie-Antoinette lors de son départ pour la France, en 1770. 1 vol. in-12. 4 fr.

<small>Eloquent plaidoyer où le charme du style s'unit au choix judicieux des arguments, suivi d'un document précieux et inédit empreint de la plus haute morale et de la piété la plus sincère.</small>

77. **ZAMOISKI.** La deffaicte des Tartares et Turcs, faite par le seigneur Iean Zamoïski, avec le nombre des capitaines et soldats morts, etc. In-16, pap. vergé. 4 fr.

78. **LA PARTIE DE CHASSE**, par Hercule Strozzi, poème dédié à la divine Lucrèce Borgia, duchesse de Ferrare. Traduit du latin en vers français et précédé d'une notice par M. Joseph Lavallée. Deux parties en un vol. petit in-8, papier de Hollande, tiré à petit nombre, jolie publication. 12 fr.

79. ŒUVRES DE RACINE, édition dite du Louvre. *Paris, de l'imprimerie de Pierre Didot l'aîné,* 1801-05 ; 3 vol. gr. in-fol., pap. vélin, épreuves avec la lettre dont il n'a été tiré que 150 exemplaires.   380 fr.

— Un exemplaire de choix avec les épreuves AVANT LA LETTRE, dont il n'y a eu que CENT exemplaires.   680 fr.

« Sans contredit, cette édition est un des livres les plus magnifiques que la typographie d'aucun pays ait encore produits; d'ailleurs les 57 gravures dont elle est enrichie ont été exécutées par les premiers artistes de Paris. »   (BRUNET, *Manuel du libraire.*)

« Chacune des pièces offre une estampe par chaque acte, ce qui fait monter la totalité à CINQUANTE-SEPT, en y comprenant le frontispice, dessiné par Prud'hon et gravé par Marais, chef-d'œuvre de l'un et l'autre artiste. Les dessins de chaque pièce sont tous de la composition d'un même auteur ; de sorte que l'ensemble de l'ouvrage produit sans bizarrerie une variété piquante, et offre le spectacle intéressant d'une lutte honorable de talents distingués. »

BROCHURES TIRÉES A PETIT NOMBRE.

80. BAUDRILLART. Pertes éprouvées par les bibliothèques publiques de Paris, pendant le siège par les Prussiens en 1870, et pendant la domination de la Commune révolutionnaire en 1871, par M. Baudrillart, membre de l'Institut, inspecteur général des bibliothèques. *Paris,* 1872; br. in-8, de 32 pages. 2 fr. 50.

81. BIBLIOGRAPHIE des OUVRAGES ÉCRITS en PATOIS du midi de la France et des travaux sur la langue romano-provençale, par Robert Reboul. *Paris,* 1877; in-8, de 85 pages, br. 3 fr. 50

82. CATALOGUE DES LIVRES ANCIENS ET MODERNES, rares et curieux sur les beaux-arts, la littérature, les voyages et principalement sur l'art dramatique, provenant de la bibliothèque de M. le *baron Taylor,* membre de l'Institut, 1876 et 1877; 3 parties comprenant 4,575 numéros ensemble. 6 fr.

Collection vraiment intéressante.

— Les mêmes sur papier de Hollande, dont il n'a été imprimé que quelques exemplaires. 12 fr.

83. CLÉMENT DE RIS (Comte). La typographie en Touraine (1467-1830), par le comte L. Clément de Ris. *Paris,* 1878; in-8 de 114 pages br. 3 fr. 50

Ce travail bibliographique, imprimé à petit nombre, est très utile pour les origines et les progrès de l'imprimerie en province.

84. **CORRESPONDANCE POLITIQUE** de quelques membres de la famille de Choiseul (1596-1701), publiée et annotée par M. Éd. de Barthélemy, br. in-8 de 36 pages. 2 fr.

85. **DESBARREAUX-BERNARD** (docteur). Étude bibliographique sur l'édition du Speculum quadruplex de Vincent de Beauvais, attribuée à Jean Mentel ou Mentelin de Strasbourg (vers 1473), par le docteur Desbarreaux-Bernard. *Paris*, 1872 ; br. in-8 de 25 pages, avec 2 *fac-simile*. 2 fr. 50

Tiré à 100 exemplaires.

86. **ÉTAT ACTUEL DE LA MAISON DE FRANCE.** Lignée des princes et princesses, dates de leur naissance, leurs qualités et leurs alliances, etc. 50 c.

87. **GAILLON** (Vicomte de). Notice biographique et littéraire sur Coulanges le chansonnier, par le vicomte de Gaillon. *Paris*, 1858; br. in-8 de 32 pages. 2 fr. 50

88. **GALITZIN** (prince Augustin). Louise de Lorraine, reine de France (1553-1601). *Paris*, 1858, gr. in-8 de 16 pages, papier vergé.
3 fr. 50

Tiré à 100 exemplaires.

89. **GALITZIN.** Le prince Augustin Galitzin, 1823-1875, notice biographique par la comtesse de l'E... (l'Ecuyer). *Paris*, 1877, gr. in-8 de 16 pages, papier vergé. 2 fr. 50

Tiré à 64 exemplaires.

90. JULES JANIN et sa bibliothèque, par Albert de la Fizelière. *Paris,* 1874; br. gr. in-8, papier vélin. 3 fr. 50

91. LE ROUX DE LINCY. Notice sur la bibliothèque de Catherine de Médicis, avec des extraits de l'inventaire de cette bibliothèque. *Paris,* 1859; br. gr. in-8, papier de Hollande. 3 fr. 50

Publiée d'après les originaux et tirée à petit nombre.

92. MEAUME. Boileau et Bussy-Rabutin, par M. Meaume; in-8 de 18 pages. 2 fr.

Tiré à 70 exemplaires.

93. MÉMOIRE POUR SERVIR A L'HISTOIRE du village et de l'ancienne seigneurie de Médan, près Poissy (par le baron Jérôme Pichon, président de la Société des bibliophiles). *Paris,* 1849; br. in-8 de 19 pages. 2 fr.

Tiré à petit nombre.

94. MINZLOFF. Notice sur les reliures anciennes de la bibliothèque impériale de Saint-Pétersbourg, par M. Rodolphe Minzloff, conservateur de la bibliothèque impériale de Saint-Pétersbourg. *Paris,* 1859; br. gr. in-8, de 39 pages, papier de Hollande. 4 fr.

Tiré à 100 exemplaires. Ce travail a été fait et publié par l'ordre de S. E. le baron de Korff, alors directeur de la bibliothèque d Saint-Pétersbourg. Toutes ces reliures portent des armoiries de per sonnages célèbres, et leur nom y est indiqué.

95. MONOGRAPHIE DES ÉDITIONS DE LETTRES PROVINCIALES, par Blaise Pasca ou Catalogue raisonné d'une collection de

Lettres Provinciales, formée par J.-H. Basse, *Paris*, 1878; in-8, de 72 pages. 3 fr. 50

Bibliographie spéciale fort intéressante, fruit de longues recherches pendant cinquante ans d'un amateur éclairé et consciencieux. Ce travail de M. Basse n'est pas une sèche nomenclature; c'est le résultat raisonné de la comparaison des textes de chaque édition, annotée et avec la collation des exemplaires.

96. MOREAU (Henry). L'âge de fer, poésies, 1883; pet. in-8, de 89 pages, papier vergé.
 3 fr.

97. RATHERY. Notice historique sur l'ancien Cabinet du Roi et sur la bibliothèque impériale du Louvre. *Paris*, 1858; br. gr. in-8, papier de Hollande. 4 fr.

Tiré à 100 exemplaires. Sur le titre un joli portrait de François Ier, gravé sur bois. — Il ne reste plus rien de la bibliothèque du Louvre que cette notice ! Tout a été brûlé sous la Commune, en mai 1871. Il y a peu de bibliothèques qui soient tenues plus au courant que celle qui existait là au Louvre, quant à la reliure des livres, le dépouillement des collections, des catalogues et à la régularité dans les acquisitions.

98. TRAITÉ DE FAUCONNERIE (du) composé par l'empereur Frédéric II, de ses manuscrits, de ses éditions et traductions (par le baron Pichon, président de la Société des bibliophiles français). *Paris*, 1864; br. in-8 de 16 pages.
 2 fr.

Dissertation curieuse sur un sujet peu connu.

99. VALLET DE VIRIVILLE. La bibliothèque d'Isabeau de Bavière, femme de Charles VI, roi de France; suivie de la notice d'un livre d'heures qui paraît avoir appartenu à cette princesse, par A. Vallet de Viriville. *Paris*, 1858; br. gr. in-8, papier de Hollande. 3 fr. 50

Tiré à 100 exemplaires.

BIBLIOTHÈQUE CHOISIE

À L'USAGE
DES GENS DU MONDE

Qui se compose de

Bossuet. Connaissance de Dieu.....	1 vol.	6 »
Lettres de saint François de Sales..	1 vol.	6 »
Pensées de Bourdaloue............	2 vol.	12 »
De l'éducation des filles, par Fénelon...................	1 vol.	6 »
Réflexions sur la miséricorde de Dieu, par Mme de Lavallière.....	2 vol.	8 »
Bossuet. Élévations à Dieu........	2 vol.	12 »
Tissot. De la santé des gens de lettres.	1 vol.	5 »
Esquisses morales. Pensées et Réflexions de Daniel Stern........	1 vol.	5 »
Journal de Rosalba Carriera......	1 vol.	6 »
Les Romans de la Table-Ronde...	5 vol.	30 »
Aventures de Maître Renart.......	1 vol.	4 »
Le Goupillon, par M. Boissonade, de l'Institut.................	1 vol.	4 »
Le prêtre marié, par Ch. Nodier...	1 vol.	3 50
Œuvres mêlées de Saint-Evremond.	3 vol.	18 »
Lettres de Mme de Sévigné........	11 vol.	55 »
Historiettes de Tallemant des Réaux.	6 vol.	24 »
Histoire anecdotique de la jeunesse de Mazarin.................	1 vol.	3 50
Souvenirs de Mme de Caylus......	1 vol.	8 »
Mémoires du baron de Gleichen...	1 vol.	4 »
Marie-Antoinette et la Révolution française.................	1 vol.	4 »
Vie de Madame de La Fayette.....	1 vol.	5 »
Jal. Souvenirs d'un homme de lettres (1795-1873)................	1 vol.	5 »

COLLECTION

DE

PIÈCES FUGITIVES

pour servir à

L'HISTOIRE DE FRANCE

AVEC DES ÉCLAIRCISSEMENTS ET DES NOTES.

Publiée par souscription et tirée à deux cents exemplaires, tous imprimés sur papier vergé, format petit in-8 ancien.

OUVRAGES PUBLIÉS :

PICARDIE. Relation du siège de Péronne en 1536, 1 vol. de 84 pages (N° 1) (*épuisé*). 6 fr.

PICARDIE. Pièces et documents relatifs au siège et à la ville de Péronne, 1 vol. de 96 pages (N° 2), *épuisé* 6 fr.

ARTOIS. La prise de Thérouanne et Hesdin, avec la bataille de Renti (1555-1554). Deux pièces réunies en 1 vol. de 124 pages (N° 3). 12 fr.

PARIS. Les funérailles célébrées à Paris, le 24 avril 1498, pour l'enterrement du corps du bon roy Charles huytième, avec son épitaphe et la piteuse complainte de Dame Chrestienté (réimpression annotée par M. Franklin sur le seul exemplaire connu de la bibliothèque Mazarine); petit in-8 (N° 4). 6 fr.

PICARDIE. La procession de Soissons pour la délivrance des enfants de France en 1530; sur l'imprimé de Geofroy Tory, avec une préface de P. Lacroix. Réimpression tirée à 200 ex. tous sur papier vergé et sur le seul exemplaire connu de la bibliothèque de l'Arsenal; petit in-8 (N° 5). 6 fr.

NOTA. — La continuation de cette collection est sous presse.

HISTOIRE

DE LA

BIBLIOPHILIE

RECHERCHES

SUR LA RELIURE, SUR LES BIBLIOTHÈQUES

des plus célèbres amateurs

ARMORIAL DES BIBLIOPHILES

Accompagnée de planches gravées à l'eau-forte par J. Jacquemart et publiée avec le concours d'une société de bibliophiles. In-fol. *Mise en vente des 10 premières livraisons.*

La 11ᵉ et suiv. paraîtront incessamment.   100 »

Le prix de la souscription est de 10 francs pour chaque livraison, et ce prix sera rigoureusement augmenté, s'il reste des exemplaires, pour les personnes qui n'auront pas souscrit pendant le cours de la publication.

La Liste des Souscriptions sera imprimée en tête de l'ouvrage avec le nombre d'exemplaires.

Cette publication, importante sous le double rapport artistique et littéraire, paraît par livr. de cinq planches gravées à l'eau-forte d'après les plus beaux spécimens; un texte explicatif contiendra des détails intéressants et curieux sur la reliure, depuis l'origine, sur les bibliothèques, sur les armoiries, sur les *ex libris* des anciens amateurs et des considérations sur le goût des livres.

EN SOUSCRIPTION :

LES GEMMES ET JOYAUX
DE LA COURONNE
AU
MUSÉE DU LOUVRE

EXPLIQUÉS

PAR M. BARBET DE JOUY

Membre de l'Institut

ACCOMPAGNÉES DE SOIXANTE PLANCHES

DESSINÉES ET GRAVÉES A L'EAU-FORTE

PAR JULES JACQUEMART

L'ouvrage se composera de trente et une livraisons, il est imprimé (texte et planches) sur un papier vergé de premier choix. Le prix actuel est de . . . 300 fr. »

Il est tiré outre le papier de l'édition :

1° Quatre exemplaires imprimés sur vélin, contenant trois suites d'épreuves (sur vélin, sur Japon et sur papier vergé) au prix de . 5.000 »

2° Vingt exemplaires imprimés sur papier double du Japon (de la fabrication impériale) au prix de . . . . 900 »

La liste des souscripteurs sera imprimée pour être mise en tête de l'ouvrage.

(Les vingt premières livraisons sont publiées.)

DEMANDER LE PROSPECTUS DÉTAILLÉ,

POUR LES CONDITIONS ET LES AVANTAGES DE LA SOUSCRIPTION.

SOUS PRESSE :

1° HISTOIRE DE LOUISE DE LORRAINE, par M. le comte de Baillon ; 1 vol.

2° LES POÉSIES INÉDITES DE CATHERINE DE MÉDICIS, par M. Edouard Frémy, premier secrétaire d'ambassade ; 1 vol.

3° LE VOYAGE DE BERTRANDON DE LA BROQUIÈRE, publié d'après le manuscrit inédit de la Bibliothèque Nationale, par M. Schefer, membre de l'Institut ; 1 vol.

4° LE PALAIS A L'ACADÉMIE FRANÇAISE, par M. Moulin, ancien avocat général ; 2 vol.

5° FRANÇOIS Ier ET LA COUR DE FRANCE au seizième siècle, par M. Paulin Paris, membre de l'Institut, ouvrage posthume publié et annoté par M. Gaston Paris, membre de l'Institut ; 2 vol.

6° POÉSIES DE NICOLAS RAPIN, avec une étude littéraire, par M. Alfred Giraud, 1 vol.

7° PIÈCES FUGITIVES POUR SERVIR A L'HISTOIRE DE FRANCE (suite) ; 3 vol.

Librairie de LÉON TECHENER

CABINET DE LIVRES RARES OU PRÉCIEUX

Livres gothiques

Impressions d'Anthoine Vérard, de Simon Vostre
Pigouchet, Arnoullet et autres

Romans de Chevalerie

POETES ET LITTÉRATURE DU SEIZIÈME SIÈCLE

LIVRES A FIGURES SUR BOIS

ANCIENNES CHRONIQUES

Manuscrits sur vélin et avec miniatures

Documents historiques — Chartes

CURIOSITÉS DE PREMIER ORDRE

Pièces sur l'Histoire de France

RELIURES ANCIENNES AVEC ARMOIRIES

Ouvrages sur les Beaux-Arts et l'Art dramatique

Publications sur le Moyen-Age

etc., etc.

INCUNABLES

ÉDITIONS PRINCEPS, ÉDITIONS ALDINES

ELZÉVIRS

ÉDITIONS ORIGINALES des grands *AUTEURS FRANÇAIS*

Bons ouvrages de bibliothèque sur l'histoire de France, la noblesse et les antiquités, la numismatique, l'archéologie, etc.

Le *Bibliopoliana* est envoyé gratuitement à tous les abonnés du *Bulletin du Bibliophile*. — Pour les autres personnes, l'abonnement par an est de SIX FRANCS pour Paris, et de HUIT FRANCS pour les départements.

Achat de Bibliothèques. — Expertises. —
Ventes publiques. — Rédaction de Catalogues.

AVIS IMPORTANT

1° Nous invitons les bibliophiles à communiquer ce Catalogue à tous ceux qui désirent se composer une bibliothèque d'ouvrages excellents, d'éditions correctes dont le mérite n'est pas éphémère et dont *la valeur sera toujours réelle*. La parfaite exécution typographique et le petit nombre des exemplaires tirés de chacun de ces ouvrages donnent une garantie certaine du prix de publication annoncé, aussi bien pour MM. les libraires que pour les amateurs.

2° Toute demande au-dessous de **CINQ** *francs* doit être accompagnée d'un mandat sur la poste, ou de timbres-poste pour simplifier les écritures et les correspondances.

3° Nous ne recevons pas de lettres *non affranchies*.

4° Un bureau spécial est organisé dans notre maison, pour le service des **BIBLIOTHÈQUES PUBLIQUES DE LA FRANCE** et de l'étranger.

5° Les frais de transport sont à la charge du destinataire.

6° Les caisses seront portées en facture ; tout autre emballage est gratis.

7° On trouve à notre librairie des exemplaires pour cadeaux, supérieurement reliés par nos soins, de tous les ouvrages du présent catalogue.

8° Un dépôt des ouvrages publiés par la *Société des Bibliophiles français* et d'autres livres édités aux frais d'amateurs.

CHARTRES. — TYPOGRAPHIE DURAND, RUE FULBERT.

www.ingramcontent.com/pod-product-compliance
Lightning Source LLC
Chambersburg PA
CBHW060656170426
43199CB00012B/1824